사명자여
일어나라!

목회자, 신학생, 직분자, 다음 세대들을 위한 필독서

사명자여 일어나라!

• 초판 1쇄 발행 2016년 5월 16일

• 지은이 장용성
• 펴낸이 조유선
• 펴낸곳 누가출판사

• 등록번호 제315-2013-000030호
• 등록일자 2013. 5. 7.
• 주소 서울특별시 공항대로 637 B-102(염창동, 현대아이파크 상가)
• 전화 02-826-8802 팩스 02-6455-8805

• 정가 13,000원
• ISBN 979-11-85677-10-1 03230

＊파본은 교환해 드립니다.
＊이 출판물은 저작권법에 의해 보호를 받는
저작물이므로 무단 복제할 수 없습니다.
＊독자의 의견을 기다립니다.
＊sunvision1@hanmail.net

목회자, 신학생, 직분자, 다음 세대들을 위한 필독서

사명자여 일어나라!

장용성 지음

나에게는 꿈이 있다. 하나님의 꿈이다.
창세 전에 계획하시고 디자인하셨던 교회를 이 땅에 세워서,
주님께서 가장 보배롭고 존귀하다고 여기시는 교회 공동체를 통해서
열방을 구원하고 하나님의 나라를 세우게 하셨다.

출판사
누가

장용성 목사는 미래를 생각할 줄 아는 목회자입니다.

또한 미래를 준비할 줄 아는 목회자입니다.

그는 복음을 온몸으로 체험하였고 복음에 목숨을 거는 비전 메이커입니다.

그의 슬로건은

10대에 꿈을 꾸고,

20대에 철저히 준비하여,

30대에 영향력을 발하는 인생이 되자! 입니다.

그런 그가 『사명자여 일어나라』라는 책을 출판하게 되었습니다.

이 책은 다음 세대를 준비하는 목회를 통해 격은 진솔한 이야기들을 솔직 담백하게 엮어 복음 사명자에 대한 도전을 주고 있습니다.

이 책을 읽으면 주님이 일하시는 꿈과 비전과 감동과 희망으로 주체할 수 없게 될 것입니다.

그리스도의 사명을 간직할 모든 크리스천들에게 적극 추천합니다.

대전 중문교회 장경동 목사

장용성 목사님은 영적으로 가능한 것이 무엇인지를 웅변적으로 보여주는 우리 시대의 작은 영웅이다. 모두가 기울어져 가는 세월호 같은 한국 교회를 바라만 보며 한숨 쉬고 있는 이 시대에 "나에게는 꿈이 있다"고 외치며 가라앉는 배를 한 몸으로 지렛대 삼아 들어 올리려는 영웅이다. 그가 인도하는 청소년 집회에 감히 강사랍시고 가기는 했지만 정작 그 청소년들의 열기에 강사인 나를 오히려 기가 죽게 만든 바로 그 장본인이다. 이 타락한 세상을 무기력하게 바라만 보고 있던 우리들에게 다음 세대에 대한 희망을 갖게 만드는 용사, 세속 학교 교육까지 속절없이 무너져 내리고 있는 이 어려운 세대에 성령의 힘이 어떻게 세상을 바꿀 수 있는지, 어떻게 젊은 세대들을 변화시키시는지, 그는 자신이 경험한 소박한 간증들을 『사명자여 일어나라』에 수록한 듯하다. 다음 세대에 대한 섣부른 포기는 결국 나약한 자신의 영성의 문제임을 '영웅'적으로 보여주는 책이다. 우리 시대에 이런 믿음의 용사가 있다는 것은 감사요, 자랑스러운 일이다. 힘으로도 안 되고 능으로도 안 되지만 하나님의 영으로 가능한 것이 무엇인지를 이 책을 읽으며 돌아보기를 권한다.

전 아프리카 감비아 선교사, WEC 한국 본부장 역임,
현 WEC 선교회 국제 선교 동원 대표 유병국 선교사

오늘날은 정보보다 변화가 중요하다. 정보는 널려있다. 복음은 단지 선포하는 것이 아니라 보여주는 것이다.

복음은 말이 아니라 삶이다. 사람은 가르침으로 잘 바뀌지 않지만 모델을 봄으로써 바뀐다. 청소년들은 더욱 그렇다.

오늘날 청소년들에게 필요한 것은 정보나 일방적인 가르침이 아니라 변화된 삶을 보여줌으로써 스스로 변화하도록 돕는 일이다.

이 책에서 들려지는 이야기를 통해 우리는 복음이 말이 아니라 삶이고 단순한 선포가 아니라 보여 지는 것임을 확인하게 된다.

저자의 삶이 청소년들에게 뿐만 아니라 우리 모두에게 보여 진 복음으로 다가오고 있다.

미션파트너스 상임대표, 전 선교한국 상임위원장 한철호 선교사

한국 교회와 앞으로 올 세대를 향한 안타까움. 변화를 촉구하는 열정과 순수함. 병든 교회를 향한 질타를 서슴없이 토해내는 장용성 목사님의 삶과 설교가 그대로 들어난 글이어서 함께 기도하고 동참하게 되기를 소원하는 이들에게 권하게 되는 마음입니다. 어찌 보면 지나치다고 해도 좋을 목사님의 타협 없는 주님 안에서의 소원이 들어나 있어 함께 나누고 싶습니다. 함께 할 기도의 동역자들이 많이 일어나 하나님의 나라를 세우게 되기를 소망합니다.

모퉁이돌 선교회대표 무익한 종 이삭

이 책에 장용성 목사님의 삶이 그대로 담겨 있습니다. 마치 그가 내 앞에서 자신의 간증을 이야기하는 듯, 그의 여러 이야기들이 책을 읽는 동안 내게 생생하게 다가왔습니다.

작년 2015년 제1차 이스라엘 선교 집회를 할 때, 개인적으로 나누었던 이야기들이 생각났습니다. 그를 처음 만난 것은 미국 방문 시입니다. 여행 내내 한 방을 사용했습니다.

처음 만났을 때 느꼈던 특이하면서도 어린 아이 같은 목사님의 모습은 이야기하면 할수록, 알아 가면 갈수록 매력으로 다가왔습니다.

내가 본 장용성 목사님은 강한 믿음의 사람입니다. 그는 말씀에 그대로 순종하는 사람입니다. 또한 그는 열정의 사람이었습니다. 절규하며 설교하는 그의 모습을 보면, 함께 눈물 흘리며 기도하지 않을 수 없었습니다.

목사님의 그런 열정과 헌신이 지금의 유스비전의 밑거름이 되었다 생각합니다. 이 책을 통해 잠들었던 믿음이, 식었던 열정이 다시 일어나게 될 것임을 확신합니다. 그런 소망을 가지고 있는 분들에게 마음을 담아 이 책을 추천합니다. 반드시 다시 힘차게 일어나게 될 것입니다.

예루살렘 히브리대 성서학 박사, 이스라엘 샬롬교회 담임 장세호 목사

목차

하나님이
찾으시는
한 사람

chapter

2

Mission
나의 사명

나의 달려 갈 길과
주 예수님께
받은 사명

chapter
5

Sending
보 내 심

사명자여,
세계 열방을
품으라!

나에게는 꿈이 있다. 하나님의 꿈이다. 창세 전에 계획하시고 디자인하셨던 교회를 이 땅에 세워서, 주님께서 가장 보배롭고 존귀하다고 여기시는 교회 공동체를 통해서 열방을 구원하고 하나님의 나라를 세우는 꿈이다.

2009년 1월 4일, 하나님의 부르심 따라 상가 주택 2층 작은 방에서 아내와 일곱 살 된 딸과 뱃속에 9개월 된 아들과 함께 개척 첫 예배를 드렸다. 12명으로 시작했던 예배가 900명이 모여 하나님을 예배하는 놀라운 부흥을 경험하고 있을 2008년, 하나님은 모든 것을 다 내려놓고 주님이 꿈꾸셨던 교회를 이 땅에 세우라는 비전을 주셔서 다 버리고 초라하게 예배를 시작했다. 얼마나 초라했던지 하나님은 외롭지 말라고 청년 네 명을 보내 주셔서 그들과 함께 감동적인 '주님이 꿈꾸신 예배'를 드렸다.

예배를 마치고 청년들에게 나는 이런 말을 했다.

"우리 교회 공동체는 아직 이름도 짓지 않았습니다. 하지만 우리 교회 공동체는 가고자 하는 분명한 목표가 있습니다. 예수님께서 말씀하셨던 바로 그 교회, 성경이 디자인한 바로 그 교회, 주님이 꿈꾸신 바로 그 교회가 우리 교회입니다. 비록 지금은 우리 모습이 초라해 보이고 사람들이 비웃을지 몰라도 이 교회 공동체를 통해서 하나님은 위대한 일을 행하실 것을 확신합니다. 세계 열방 가운데 예수 그리스도의 복음을 선포하고, 다음 세대들을 성령과 복음으로 일으켜서 시대적 사명을 감당케 하실 것을 믿습니다. 무명했던 나사렛 예수, 가족 친척들조차 무시했던 나사렛 예수, 그분은 세계 인류 역사 가운데 가장 위대한 일을 행하셨습니다. 저와 여러분이 그런 사람이 될 것입니다. 이 교회 공동체가 민족과 열방 가운데 좋은 모델이 될 것입니다. 함께 갑시다. 함께 뜁시다. 이제부터 시작입니다. 대한민국의 새 역사를 다시 씁시다."

하나님께서 동서남북을 다 주시겠다더니 정말 첫 예배에 동서남북에서 모였다. 한 자매는 연천, 또 다른 자매는 춘천, 두 형제는 광명, 그리고 안양의 우리 가정, 그때부터 시작이었다. 2015년 12월, 지금은 안양, 의왕, 광명, 안산, 인천, 부천, 수원, 서울, 성남, 광주, 의정부, 철원, 그리고 일본, 미국, 하와이 등지에서 온다.

그렇다고 수천, 수만 명의 성도가 모이는 것은 아니다. 소수의 진정한 예배자, 제자의 삶을 살길 원하는 하나님의 자녀들이 모여 예배하며 사명을 감당하고 있다.

개척 3주가 되었을 때 교회 이름을 확정했다.

"주님이꿈꾸신교회"

개척에 대한 확신을 얻고 광명 도덕산에서 내려오는데 내 입에선 찬양이 흘러나온다.

내가 밟는 모든 땅 주를 예배하게 하소서
주의 보혈로 덮어지게 하소서
내가 선 이곳 주의 거룩한 곳 되게 하소서
주의 향기로 물들이소서

내가 밟는 모든 땅을 주시겠다는 하나님의 말씀, 두려워했던 여호수아를 격려하시며 '담대하고 용기를 내라' 하셨던 하나님께서 나에게도 말씀하신다.

"용기를 내라. 내가 너와 함께 하리라! 좌로나 우로나 치우치지 않고 말씀대로만 한다면 너를 통해서 내 일을 이루리라!"

2015년 12월 23일, 나는 지금 체코행 비행기 안에 있다. 유럽

한인침례교회연합 다음 세대 집회를 인도하기 위해서 지금 체코
와 독일로 간다. 다음 세대가 있는 곳이라면 어디든지, 복음이 필
요한 영혼이 있는 곳이라면 어디든지 가야 한다. 그 땅이 북한이
라 할지라도, 중동, 아프리카라 할지라도 가야 한다. 그곳에 주님
이 계시기 때문이다.

비행기에 탑승하려는데 미국에 사는 한 형제로부터 메세지가
왔다.

저는 1년 전에 목사님 교회를 두 달 출석했던 미국에서 왔던 형제입
니다. 매주 유튜브로 목사님의 설교를 잘 듣고 있습니다. 목사님 설
교는 뭔가 신기해요. 나사가 빠져 있다가도 '아! 제대로 한번 살아보
자' 생각하게 만듭니다. 이제까지 목사님들이 술 이야기하면 '에이
뭐 한 잔 가지고 그래 치사하게' 그랬는데 목사님 설교를 듣고 깨달
았어요. '예수님이 피 값으로 우리를 살리셨는데 그 한 잔이 나한테
뭘까?' 하면서 끊었어요. 미국에 살고 있지만 꿈도 비전도 전부 포기
하고 '그냥 마시자 뭐 그냥 대충 살면 뭐라도 되겠지…' 이렇게 살았
거든요. 그런데 목사님 설교 듣고 '이왕 크리스천으로 살거면 잘 살
아보자 죽으면 천국인데' 이런 마음으로 다시 공부를 시작했습니다.
목사님의 설교를 들으면서 항상 용기와 꿈을 갖고 달려가고 있어요.
목사님 감사드려요. 목사님께서 나중에 할아버지가 되셔도 소리치
시면서 설교해 주셨으면 좋겠어요. 한국에 가면 그때 또 목사님 교
회로 가도 되겠지요?

요즘은 개척이 힘들다고 안 된다고들 한다. 어려운 것만큼은 사실이다. 갈수록 더 어려워 질 것이다. 하지만 아무리 어려워도 하나님이 함께 하시고, 하나님이 주신 사명의 길이라면 반드시 된다는 한 가지 사실은 기억해야 한다. 그 길이 순교자의 삶이라 할지라도 마귀가 주는 '안 된다. 실패.'라는 말을 버리자. 하나님의 일에는 실패란 없다.

조선 땅에 복음이 들어올 수 있었던 것도 수많은 선교사들의 피흘림이 있었기 때문에 지금의 한국 교회가 있는 것이다. 어떤 선교사는 조선 땅도 밟아 보지도 못한 채 죽은 선교사가 있고, 어떤 선교사는 복음을 전해 보지도 못한 채 죽은 선교사도 있다. 사랑하는 아내가 죽었고, 자녀들을 조선 땅에 묻어야만 했다. 하나님은 그들의 피를 보신 것이다. 피를 흘리면 된다. 교회는 피 흘리는 곳이다. 개척은 피 흘리는 싸움터다. 신앙생활은 매일 내 피를 쏟아내고 예수 피로 수혈하는 생활이다.

'전도' 피 흘리면 된다.
'개척' 피 흘리면 된다.
'선교' 피 흘리면 된다.
'순종' 피 흘리면 된다.
'사랑' 피 흘리면 된다.

아골 골짝 빈들에도 복음 들고 가오리다
괴로우나 즐거우나 사랑 안고 찾아가서
종에 몸에 지닌 것도 아낌없이 드리리다
종에 몸에 지닌 것도 아낌없이 드리리다

우리는 종이다. 목회자, 사역자만 종이 아니라 그리스도인 모두는 종이다. 예수님도 스스로 종이 되셨고 바울도 스스로 종이 되었다. 우리는 자녀이면서 종인 것이다. 자녀로 살아갈 것인가, 종으로 살아갈 것인가? 나는 '종'을 택했다. 그것도 무익한 종, 마땅히 내가 해야 할 일을 했을 뿐인 '종' 말이다. 종은 시키는 대로 한다. 내 지식과 감정과 의지가 있어도 주님의 뜻을 이루기 위해 무지식, 무감정, 무의지가 되려는 것이다. 그리고 내게 주신 십자가를 지고 한 걸음씩 내 딛는다. 그러면서 오늘도 복음의 피를 토해낸다.

우린 마지막 복음의 전달자들이다. 주님 오실 길을 예비하며 살아가야 할 특전사들이다. 더 이상 지체할 수 없다. 세상 유혹에 몸과 마음과 열정을 빼앗길 수 없다. 복음 들고 달려가야 한다. 사명 위해 달려가야 한다. 우리를 향해 '살려 달라' 소리치는 영혼의 울부짖음을 들어야 한다. 농촌에서, 낙도에서, 유흥가에서, 캠퍼스에서, 교회에서, 북한에서, 아프리카에서, 이스라엘에서, 세계 모든 열방들의 모든 세대들의 울부짖는 외침이 있다.

"와서 우리를 도우라! 와서 우리를 구원하라!"

　개척을 준비하고 있거나 다음 세대 사역에 대한 비전을 가진 분들, 신앙생활을 하고 있지만 영적 갈급함과 뚜렷한 삶의 목적을 모르는 분들, 직분은 가지고 있지만 어떻게 직분을 감당해야 할지 모르는 분들, 꿈도 사명도 모른 채 입시 공부와 세상문화만을 따라가는 어린이, 청소년, 청년, 다음 세대들, 진정한 삶의 예배자를 꿈꾸는 이들, '주님이꿈꾸신교회'가 어떤 교회인지 궁금하신 분들을 위해 이 책을 쓴다. 조금이나마 부흥과 회복에 도움이 되길 바란다. 하나님이 살아 계시기에 부흥은 반드시 일어난다.

유럽으로 가는 비행기 안에서
복음의 전달자 장용성

Chapter 1

하나님이 찾으시는 한 사람

Calling • 소명

하나님은 시대마다 하나님의 마음에 합한 사람을 찾으신다.
하나님이 찾으시는 사람은 다수가 아닌 소수의 헌신된 한 사람이다.

믿음으로 갈 바를 모르고 고향을 떠났던 아브라함을 찾으셨고
하나님의 꿈으로 민족을 구원한 요셉을 찾으셨고
하나님을 사랑한 소년 다윗을 찾으셨고
나일강가에 버려진 시대적 불운아 모세를 찾으셨고
배운 게 없어 무식하다 멸시받은 비린내 나는 베드로를 찾으셨고
세상의 성공을 위해 예수 믿는 자를 핍박하며 잔인하게 살았던 사울을 찾으셨다.

하나님은 오늘도 하나님의 일을 성공시킬 한 사람을 찾으신다.

1.

죽을래 나랑 같이
교회 갈래?

"나다 당장 문 열어라."
"……"

한 시간째 아무런 인기척도 없다. 나는 문 밖에 서서 계속 소리쳤다.

"빨리 문 열어! 쾅! 쾅!"
"……"

내가 찾아간 아이는 모태신앙으로 자란 남학생이다. 21살에 노춘기가 찾아왔는지 부모님께 반항을 하고 예배도 출석하지 않은

지 두 달 반이 되었다. 청년의 엄마는 내게 신신당부를 하신다.

"목사님! 우리 아들이 꼭 다시 교회 나올 수 있도록 해 주세요. 매일 술 담배에 쩔어 살아요."
"걱정하지 마세요. 제가 만나 보도록 하겠습니다."

토요 청소년, 청년예배를 마치고 그 집으로 향했다.

"집사님, 아들은 방에 있나요?"
"방에서 끔쩍도 안 해요."

집사님은 깊은 한숨만 내쉰다. 남편도 신앙생활하다가 떠났고 아들마저도 떠날까 두려워 매일 눈물로 기도하셨던 것이다.

"문 열어라. 안 열면 문 부수고 들어간다. 빨리 열어!"
"……"

나는 밖에서 방문을 발로 걷어차면서 소리를 지르고 있고 방에선 인기척조차 없었다. 점점 화가 치밀어 오르기 시작했다. 그렇게 한 시간 쯤 흘렀다. 잠겼던 문이 열리는 소리가 들렸다. 그때 나는 부엌에서 부엌칼을 들고 방으로 들어갔다.
어두컴컴한 방에 씻지도 않고 수염도 깎지 않은 채 이불을 뒤집어 쓰고 있는 것이 아닌가? 나는 이불을 걷어치우고 앉으면서 칼을 확 내밀었다.

"어디서 배워먹은 버르장머리야? 싸가지 없는 놈 같으니라고, 니가 사람이냐? 미물인 짐승도 주인을 알아보고 순종하는데, 사람 새끼가 부모 속 썩이고 어른이 한 시간째 서서 불러도 아무런 대답도 없고 문도 안 열어?"

"……"

아무런 대답도 없이 고개만 푹 숙이고 있다.

이 녀석을 내가 처음 만났을 땐 중학교 2학년이었다. 한참 사춘기 시절을 보내고 있을 때였다. 모태신앙으로 교회 안에서 자랐지만 예수님을 인격적으로, 영적으로 만나본 경험이 없는 종교인 중 한 사람이었다.

교회 안에 바리새인 같은 종교인들인 청소년, 청년들이 많다. 물론 어른들 가운데도 많다. 구원받지도 않았는데 스스로 구원받았다고 믿는 사람들, 연륜과 종교적 열심이 믿음이라고 착각하고 다니는 사람들이다.

나더러 '주님, 주님' 하는 사람이라고 해서, 다 하늘나라에 들어가는 것이 아니다. 하늘에 계신 내 아버지의 뜻을 행하는 사람이라야 들어간다. 그날에 많은 사람이 나에게 말하기를 '주님, 주님, 우리가 주님의 이름으로 예언을 하고, 주

반응도 보이지 않던 아이들에게 복음을 전하고 예수님을 알려주면서 성령을 받게 했다. 성령의 임재를 경험한 아이들은 부드러워지고 순종하며 예수님을 사랑하는 청소년들로 변화되었다. 이 친구도 그들 중 한 사람이었다.

처음 은혜를 받고 나니 친구들을 전도하고 교회에선 찬양단 싱어로, 고등학생이 되어선 찬양단 리더로 섬기는 일꾼이 되었다. 그렇게 열심을 내던 청년이 변한 것이다. 예수님은 온데 간데 없고 세상을 더 즐겨하고 있었다. 그러니 내 마음이 어떻겠는가? 하나님 아버지의 마음은 어떠시겠는가?

"너 같은 놈 하나 변화시키지 못하는 (물론 내가 변화시킬 수 있는 것은 아니다. 성령님이 하셔야지) 목사라고 한다면, 내가 목사 때려 친다. 너 하나 인도하지 못하는데 무슨 목사를 하냐? 차라리 돈이나 벌고 말겠다. 어디 치사하고 더러워서 목사 해 먹겠냐? 너 같으면 목사 하겠냐? 부모가 무슨 죄라고 너 같은 놈한테 쩔쩔 매야 하고, 목사가 무슨 죄라고 너 같은 놈한테 아쉬운 소리를 해야 하냐? 마지막으로 너한테 하는 말이다. 예수 믿을래, 안 믿을래? 교회 다시 나올래, 안 나올래? 아니면 나한테 죽을래?"

한 시간이 넘도록 소리 질러가면서 공갈협박(?)을 했더니 모기 소리로 대답한다.

"내일부터 다시 나갈게요. 염려 끼쳐 드려서 죄송합니다."

목사가 칼 들고 소리치니 두려웠나 보다. 교회를 다시 나오겠다고 한다. 다시 잘해 보겠다고 한다. 오죽했으면 목사가 칼 들고 설쳤을까? 부모의 마음, 하나님 아버지의 마음을 담아 한 영혼 다시 세워 보겠다고 목사가 칼을 든 것이다.

그 청년은 다음날 다시 교회로 돌아왔다. 예배당 맨 뒷자리에 앉아 있다가 나와 얼굴을 마주쳤다. 멋쩍었는지 나를 보며 피식 웃으며 고개를 떨군다.

"잘 해! 이 녀석아!"
"예, 목사님."

잃어버린 한 영혼이 주께로 돌아올 수만 있다면 목사는 칼을 든 깡패(?)가 되기도 한다. 그렇다고 매일 칼 들고 설쳐대지는 않는다. 그 후론 단 한 번도 칼을 든 적이 없다. 대신 말씀의 칼을 든다. 시퍼런 칼날로 썩은 영혼을 도려내고 수술을 한다. 아파할 땐 함께 아파하며 운다. 그들의 눈물이 나의 눈물이 되기 때문이다. 아이들이 운다. 영혼들이 운다. 예수님도 우신다.

너희 가운데서 어떤 사람이 양 백 마리를 가지고 있는데, 그 가운데서 한 마리를 잃으면, 아흔아홉 마리를 들에 두고, 그 잃은 양을 찾을 때까지 찾아다니지 않겠느냐? 찾으면, 기뻐하며 자기 어깨에 메고 집으로 돌아와서, 벗과 이웃 사람을 불러 모으고, '나와 함께 기뻐해 주십시오. 잃었던 내 양을 찾았습니다.' 하고 말할 것이다. 내가 너희에게 말한다. 이와 같이 하늘에서는, 회개할 필요가 없는 의인 아흔아홉보다, 회개하는 죄인 한 사람을 두고 더 기뻐할 것이다.

_새번역 누가복음 15:4-7

2.

회초리 맞는
전도사

2002년 7월 여름, 청소년부 아이들을 데리고 전국 연합 수련회를 갔다. 방학 때마다 학생들을 데리고 수련회를 가는데, 가기 전 한 달 동안은 선생님들과 학생들이 모여 매일 수련회를 위해 기도했다.

방학을 이용한 수련회는 식어진 열정을 뜨겁게 달굴 수 있는 절호의 기회라 이 기회를 놓치면 학기 중 사역이 어려워진다. 반드시 수련회 기간을 통해서 뜨거운 은혜를 경험해야 한다.

전국에서 모인 청소년, 청년들 2천여 명이 기도원을 가득 메웠다. 여느 때와 마찬가지로 난 학생들이 은혜를 받을 수 있도록 서둘러서 앞자리를 차지하게 하고 집회에 참석했다.

그런데 첫날 저녁부터 아이들이 말씀에 집중하지 못하고 기도

시간엔 고개만 숙이고 은혜를 받지 못하고 있었다. '그 다음 날에는 나아지겠지' 했는데 둘째 날 오전 집회, 오후 집회, 저녁 집회 때도 마찬가지였다.

그렇게 시간이 흘러 삼일 째가 되었다. 오전 집회를 지켜봤다.

'과연 아이들에게 어떤 변화가 일어날까?'

다른 교회 학생들은 은혜를 받아 얼굴빛도 달라지고 기뻐하며 참여를 하는데 내가 데리고 간 대부분의 아이들은 표정이 좋지 않았다. 교사들도 마찬가지였다.

오전 집회가 끝나자마자 아이들과 교사들을 본당 한가운데로 불러 모았다.

"점심 먹고 2시까지 전원 본당으로 집합합니다."

학생들과 교사들은 갑작스런 전도사님의 소집 명령에 눈치를 보기 시작했다. 어떤 아이들은 오히려 더 짜증을 내는 아이들도 있었다.

약속한 2시가 되었다. 50여 명의 아이들과 8명의 교사들이 하나둘 모여들기 시작했다. 나를 중심으로 둥글게 자리를 잡아 앉았다.

"나는 여러분의 영혼을 책임지는 목자로 왔습니다. 이번 수련회를 통해서 여러분이 살아계신 하나님을 만나기를 간절히 소망하며 기도했습니다. 그런데 삼일이 지나도록 여러분은 은혜 받는 데는 관심이 없습니다. 교사들조차도 아이들이 은혜 받지 못해도 신경을 쓰고 있지 않습니다. 그래서 여러분을 이 자리에 모이도록 했습니다."

학생들과 교사들은 모두 고개를 숙였고 나는 심각한 어조로 말을 계속 이어 나갔다.

"여기까지 힘들게 왔는데 은혜를 받지 못한다는 것은 전적으로 나의 책임입니다. 여러분이 무슨 잘못이 있겠습니까? 다 나의 부족함 때문이고 내가 회개하지 못하고 내가 제대로 지도하지 못한 탓입니다. 여러분의 잘못은 지도자를 잘못 만났다는 것입니다. 오늘밤 마지막 집회가 남아 있는데 그 시간마저 여러분들이 살아계신 하나님을 만나지 못하고, 은혜를 받지 못하고 집으로 돌아간다는 것은 있을 수 없습니다. 그러니 전도사인 내가 정신 차릴 수 있도록 여러분들이 나를 때려 주셔야 합니다."

나는 미리 준비해 뒀던 PVC 파이프를 꺼내 들었다. 갑자기 학생들과 교사들이 웅성웅성 거리기 시작했다.

"나는 여러분을 지도할 자격이 없는 전도사입니다. 전도사가 영적으로 죽어 있으니 여러분을 살릴 수 없습니다. 그러니 내가 정신 차릴 수 있도록 나를 때려 주시길 바랍니다. 여러분이 은혜를 못 받는 것은 전부 내 잘못입니다."

전도사가 파이프를 들고 와서 자기를 때려 달라고 하니 아이들은 전도사가 '쇼' 한다고 생각했는지 몇몇은 피식 피식 웃고 있었다.

"내가 정신 차릴 수 있도록 나를 때릴 사람 없습니까? 빨리 나오세요."

아무도 앞으로 나서지 않았다. 난 교사들을 지목했다.

"교사들에게 영혼을 사랑하는 마음이 일어나지 않는 것도 나의 잘못입니다. 그러니 학생들을 대신해서 교사들이 나를 때리세요. 여러분들이 나를 때리지 않는다면 아이들은 이번 수련회에 회개하지 않을 것이고 예수님도 만나지 못할 것입니다. 그러니 한 사람씩 나와서 얼른 때리세요."

분위기가 심각해졌다. 한두 명씩 훌쩍거리기 시작했다. 우리들의 모양새가 이상했는지 주위에 사람들이 모여 들었다. 전도사는 파이프 들고 소리 지르고 있고 학생들은 울고 있었다.

"여자 선생님들부터 나와서 때리세요. 저와 학생들의 영혼을 사랑한다면 빨리 나와서 때려야 합니다."

더 이상 나의 고집을 꺾을 수 없을 거라 생각했던 여자 선생님들이 한 명씩 나와 파이프를 손에 들었다.

"내가 정신 차릴 수 있을 만큼 때려야 합니다. 약하게 때려서도 안 되고 한 대만 때려서도 안 됩니다. 최소 3대 이상 세게 때려야 합니다."
"어떻게 저희가 전도사님을 때립니까? 차라리 저희들을 때려 주세요."
"아닙니다. 선생님들의 잘못이 아닙니다. 다 저의 잘못입니다. 그러니 사랑한다면 제 종아리를 때려 주세요."

나는 여름이라 반바지를 입고 있었다. 여교사는 울면서 나의 종아리를 살살 때렸다.

"더 세게 때리세요. 장난합니까? 죽을 힘을 다해 때리세요."

선생님들은 다시 때리기 시작했다. 다른 여선생님이 나왔다. 그 선생님도 울기 시작한다. 차라리 자기를 때려 달란다. 이미 아이들은 무릎 꿇고 울면서 회개하기 시작했다. 주변에 몰려 든 사람들도 웅성거리며 구경하기 시작했다. 두 번째 나온 여자 선생님도 세 대를 때리고 자리로 들어갔다.

이번에는 남자 선생님이 나왔다. 이 선생님은 파이프를 손에 들더니,

"제가 어떻게 전도사님을 때려요!"

하면서 세게 내려치는 것이 아닌가? 얼마나 세게 쳤는지 파이프가 종아리에 닿는 순간 깨지고 말았다. 그리고 깨진 파이프 조각은 반대편에서 울고 있던 여학생 손에 박히고 말았다.

"엉! 엉! 아얏!"

여학생은 아파서 울고 있었고 남자 선생님은 반 토막 남은 파이프로 계속해서 남은 숫자를 채워 갔다. 전도사의 말에 순종 잘하는 충성스런(?) 교사다. 두 번째 파이프를 내려치는 순간 또다시 파이프는 쪼개지고 말았다. 그리고 그 파편은 반대편에서 회개하면서 울고, 파이프가 박혀서 울고 있던 자매에게로 또다시 날아가 다른 손에 박히고 말았다.

"으악! 아파요."

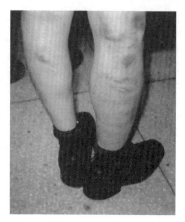
▲ 3일 뒤 찍은 사진

남자 교사는 마지막 세 번째 타구를 위해서 힘껏 내리쳤다. 그리고 자리로 돌아가 남은 남자 선생님께 파이프를 넘겨줬다. 나머지 선생님들도 힘껏 내리쳤다. 그렇게 8명의 교사들 모두 내 종아리에 채찍질을 가했다. 이미 종아리는 시퍼렇게 멍이 들어 있었고 군데군데 살이 터져 피가 흐르는 곳도 있었다.

채찍질이 모두 끝났을 때는 이미 그곳에 있던 60여 명의 학생들과 교사들은 회개 기도를 시작했고 한쪽에선 방언이 터져 나오기도 했다. 목자가 채찍질을 당하니, 피를 흘리니 양들이 회개를 하고 은혜를 받는다. 그래서 예수님도 우리를 위해 채찍질을 당하시고 피를 흘리셨나 보다. 말로 해서 안 되니 직접 십자가를 지시고 죽으신 것이다.

"감사합니다. 나는 오늘 이 순간을 잊지 않겠습니다. 평생 내 가슴에 담아 두겠습니다. 그리고 이 시간 이후에도 여러분이 은혜를 받지 못한다면 이제는 제가 여러분을 때릴 것입니다."

그 자리에서 한 시간 동안 전도사도 울고 학생들과 교사들은 서로 부둥켜 안고 울면서 기도했다. 마음 중심으로 회개하니 하나님께서 일하기 시작하셨다.

드디어 저녁집회 시간이 되었다. 시작 전에 이미 학생들은 앞자리를 차지했고 기도로 준비하고 있었다. 찬양이 시작되자 시키지도 않았는데 모두가 일어서서 찬양을 하고, 기도 시간에는 하늘이 찢어질 정도로 부르짖어 기도하기 시작했다.

"오늘밤 은혜 못 받으면 우린 전도사님한테 맞아 죽어! 꼭 은혜 받아야 돼."

모두가 함께 뛰고, 찬양하고, 기도하고, 말씀으로 하나가 되어 은혜를 받았다. 집회가 끝나고 나니 얼굴빛이 달라졌다.

"전도사님, 기도하다가 하나님의 음성을 들었습니다."
"저는 예수님을 만났습니다."
"저는 비전을 발견했습니다."

한 사람의 희생이 많은 영혼을 일으켜 세운다. 한 사람 예수 그리스도의 피 흘림이 믿는 모든 영혼을 구원했다. 희생 없는 열매는 없다. 눈물 없는 땅에는 어떤 씨앗도 뿌리 내릴 수 없다. 그래서 오늘도 나는 내 몸을 쳐 복종케 한다.

"정신 차려라, 장용성아! 너 때문에 많은 영혼이 죽을 수도 있고 살 수도 있다."

영혼을 살리는 목사가 될 것인가, 죽이는 독사가 될 것인가? 돼지처럼 먹기만 하고 살찌는 먹사가 될 것인가?

'목사'
'독사'
'먹사'

내가 진정으로 진정으로 너희에게 말한다. 밀알 하나가 땅에 떨어져서 죽지 않으면 한 알 그대로 있고, 죽으면 열매를 많이 맺는다. _새번역 요한복음 12:24

나는 내 몸을 쳐서 굴복시킵니다. 그것은 내가, 남에게 복음을 전하고 나서 도리어 나 스스로는 버림을 받는, 가련한 신세가 되지 않으려는 것입니다. _새번역 고린도전서 9:27

3.

의사가 되겠다더니
목사가 되겠다고?

나는 어릴 적부터 꿈이 많았다. 아이들을 가르치는 선생님이 되고 싶었고, 나라를 지키는 파일럿 전투기 조종사도 되고 싶었다. 가수도 되고 싶었고 의사도 되고 싶었다.

초등학교 4학년 때 담임선생님께서 물으셨다.

"너의 꿈은 뭐니?"
"저는 이순신 장군과 같은 멋있는 장군이 되어 나라를 지키겠습니다."

중학생이 되고 고등학교에 들어갈 때 즈음에는 의사가 되겠다는 마음을 먹었다. 의사가 되면 흰 가운에 청진기를 목에 두르고 환자들을 진찰하는 모습이 멋있어 보였다. 그리고 돈도 잘 벌 것이니 얼마나 좋은가?

"어디가 아프셔서 오셨나요?"
"밤새 열도 나고 머리도 아프고…"

그때 나는 청진기를 대고 이곳저곳 진찰을 하겠지?

"위험합니다. 오늘 밤을 못 넘기실 것 같습니다."
"의사 선생님! 무슨 병인가요? 죽을 병인가요?"
"감기입니다. 간호사, 메스! 지금 당장 수술 준비해 주세요."

나는 전북 부안군 동진면 당상리 용화동이라는 농촌 시골 마을에서 태어나 자랐다. 형제는 위로는 형님 두 분과 누나 두 분 그리고 여동생, 이렇게 육 남매다. 어머니께서는 질서의 하나님을 아셨는지 아들, 딸, 아들, 딸, 아들(나), 딸 질서 있게 나셨다.

버스도 다니지 않는 시골에서 형들은 사교육 한 번 받지 않고 큰형은 서울대, 작은 형은 연세대에 합격을 했다. 형들의 뒤를 이을 나는 당연히 남은 학교가 고려대뿐이었다. 아버지께서는 SKY가 아니면 대학도 아니라고 생각하셨다. 형들처럼 시골에서 도시로 유학을 나와 인문계 고등학교에 들어갔고 내 책상에는 고려대 의과대학이라 써 붙여 놓았다.

'나의 목표 : 고려대 의과대학! 나는 반드시 의사가 되리라'

의사의 꿈을 가지고 공부하던 나는 고등학교 1학년 여름 수련회를 통해서 살아계신 하나님을 영적으로, 인격적으로 만나게 되었다. 예수님을 만나고 나니 꿈이 달라졌다. 나의 꿈이 아닌 하나님의 꿈을 위하여 살아야겠다는 새로운 비전이 생긴 것이다. 그리고 나는 다시 기도했다.

"하나님, 예수 이름으로 영혼과 육체를 치유하는 영적 의사가 되겠습니다."

목사님께 목회자가 되겠다고 하자 목사님은,

"왜 좋은 의사의 길을 포기하고 목사가 되려고 하느냐? 목사의 길은 어렵고 외로운 길이야. 나를 봐라. 개척교회 하면서 얼마나 힘들게 목회하고 있느냐? 나를 보고서도 신학을 하겠다고 하느냐? 차라리 돈 잘 버는 장로가 되어서 교회를 섬겨라."

'돈 장로가 될 것인가, 목사가 될 것인가?'
세월이 흘러 나는 신학대학원을 가기로 결정하고 고향에 계신 부모님께 말씀을 드렸다.

"아버지, 신학대학원을 가려고 합니다."

"신학대학원? 미쳤냐? 거길 왜 가? 대학교까지 다 가르쳐 놨더니 신학교를 간다고? 미쳤구만, 차라리 내가 농사짓는 과수원 물려 줄 테니 이 일 잘 배워서 농사라도 지어라. 그러면 1년에 몇 개월 고생하고 몇 천만 원도 벌어. 목사보다 훨씬 낫겠다. 쓸데없는 소리하지 말고 정신 차려! 목사는 무슨 …"

아버진 젊어서 신앙생활을 잘하셨던 분이시다. 6.25 전쟁 이후 남한이 전쟁 폐허가 되었을 때 나라를 일으켰던 힘은 기독교 교회였다. 아버지는 그 시절을 지내오신 분이시다. 20대엔 청년교사로 어린이성경학교 교사훈련도 받으시면서 한국 교회를 일으키는 데 한 몫을 감당하신 분이시다. 아버지와 어머니는 신앙 안에 만나 결혼하셨다. 그러다 아버진 교회에 상처를 받으시고 50여 년간 교회를 등지고 떠나셨다.

큰누님이 교회 전도사와 결혼을 한다고 했을 때도 아버지는 반대가 심하셨다. 그래도 누님이 결혼을 하겠다고 하자 아버지는 결국 결혼식에도 참석하지 않으셨다. 목사가 싫으셨던 것이다. 교회가 싫었던 것이다. 말과 행동이 다른 목회자, 수많은 비리와 교회 권력 싸움이 있는 교회를 등지고 떠났는데, 딸이 그 중심으로 들어가니 아버지는 차라리 자식과의 연을 끊고 싶었던 것이다.

그런데 이젠 막내아들이 신학을 하고 목회자가 되겠다고 하니 아버지의 마음이 어떻겠는가? 그 길이 어떤 길인지 알기에 아버지는 아들을 위해서 말리는 것이다.

지금 나는 목사가 되어 있다. 그것도 평범한 목사가 아닌 특이한(?) 목사가 되어 있다. 어떤 분들은 나에게 '특수 목회를 하고 있으니 얼마나 힘들겠느냐'고들 한다. 나는 특수 목회를 하고 있는 것이 아니라 예수님께서 기뻐하시는 목회, 예수님이 하셨던 목회를 따라 하는 것이다.

어릴 적 나의 꿈이 다 이루어졌다. 선생이 되고 싶다 했더니 어린아이부터 어른까지 매주 양육하며 가르치는 선생이 되어 있다. 나라를 지키는 장군이 되고 싶다 했더니 하나님 나라를 세우며 성도들을 영적 마귀 군대로부터 지켜내는 하늘장군이 되어 있다.

공무원이 되고 싶어 했더니 하나님 나라 공무원이 되어 있고, 은혜 받은 이후 '버스 기사가 되어 찬양과 말씀을 승객들에게 들려주며 복음을 전할 수 있으면 좋겠다.' 했더니 매일 새벽부터 찬양을 틀어 놓고 새벽기도 차량운행을 하고 있다.

가수가 되고 싶다 했더니 세상에서 가장 아름다운 하나님의 자녀들과 함께 악기로 연주하며 찬양하는 하나님 나라 가수가 되어 노래하고 있으며 의사가 되고 싶다 했더니 영적의사가 되어 육신과 영혼과 정신을 치료하는 의사가 되어 있다.

하나님은 꿈을 이루시는 분이시다. 하나님의 나라를 위한 일이라면 하나님은 다 이루신다. 하나님 이름의 영광을 위해서이다.

세상 의사보다 더 귀하고, 행복한 하나님 나라 의사로 오늘도 상한 자, 병든 자, 죽은 자들을 예수님의 이름으로 치료한다.

그러니 나는 행복한 의사다.

영혼을 치유하는 목사, 육신의 질병을 치유하는 목사, 나는 정말 행복한 목사다.

어느 날, 모르는 번호로 전화 한 통이 걸려왔다.

"여보세요."

"장용성 목사님이시죠?"

"네 맞는데요. 누구세요?"

"목사님" 하면서 막 우는 것이다. 나는 깜짝 놀라 "누구세요? 무슨 일 있으세요?"라고 물었더니 자신을 소개한다.

"목사님 저는 수원에 사는 소영이라고 해요. 고등학교 때부터 유튜브를 통해서 목사님의 영바오(영혼을 바꾸는 5분) 설교를 듣고 은혜 받고 있습니다. 목사님을 한 번도 만나 뵌 적은 없는데 아는 목사님도 없고 마땅히 연락 드려 도움을 청할 사람도 없어 목사님께 전화 드렸어요. 목사님은 제 얘기를 들어주실 것 같아서요. 죄송해요. 목사님."

"아니야, 무슨 일인데 그렇게 울어?"

"목사님! 엄마가 많이 아파요. 심한 우울증에 밤마다 귀신같은 어둔 그림자들이 엄마를 괴롭혀요. 엄마를 잠 못 들게 하고 부정적인 생각에 제 말은 들으려고도 하지 않아요. 어두운 그림자들이 삶에 개입해서 집안의 모든 것을 망쳐 놓아 너무 힘들게 해요. 오늘도 하루를 엄마랑 꼬박 샜는데 저희 아빠는 하나님을 믿지도 않고 저랑 엄마만 믿는데 너무 힘들어요. 제가 어떤 기도를 해야 하고 어떻게 헤쳐 나가야 할까요? 정말 제가 실례를 무릅쓰고 말 할 사람이 목사님 밖에 없는 것 같아서 일면식도 없지만 이렇게 연락을 드려서 죄송해요. 너무 간절하고 간절합니다. 목사님 어떻게 극복해야 할까요? 저희 엄마는 자꾸 자기가 미쳐간다고 해요. 예전엔 화목한 가정이었는데 한순간 이렇게 되었어요. 너무 힘들어요. 어떻게 해야 할지 모르겠어요. 목사님 도와주세요."

어둠의 영에 사로잡혀 고통당하고 있는 엄마 때문에 울고 있는 아이다. 소영이에게 말씀으로 용기를 주고 믿음을 잃지 말 것을 당부했다. 그리고 엄마를 위해 전화로 기도해 줬다. 엄마는 수화기를 든 채 울면서 기도를 받았다.

"하나님, 어린 딸 소영이의 믿음의 기도로 사랑하는 엄마의 병을 고쳐 주시옵소서. 우울증과 불안과 두려움을 주고 있는 마귀의 세력은 예수님의 이름으로 명하노니 떠나가라! 예수님의 피 묻은 손으로 안수해 주시고 치료의 광선을 발하셔서 더 이상 어둠의 영에 고통당하지 않도록 평안을 주시옵소서. 예수님의 이름으로 기도합니다."
"아멘, 목사님 감사합니다."

한참을 전화로 기도하는 동안 엄마도 울고 소영이도 울고 모두가 함께 울었다.

내 주변엔 아픈 사람들이 참 많다. 아니, 가지각색의 질병과 문제와 아픔과 상처를 가진 사람들이 내게로 찾아온다. 주님이꿈꾸신교회엔 아픈 사람들이 대부분이다. 육체적, 정신적, 영적 질병을 가진 사람들, 가난과 이혼의 상처와 중독과 폭력으로 고통당하는 사람들이 많다.

'왜 내겐 이런 사람들만 모일까? 왜 주님이꿈꾸신교회엔 이런 사람들만 모일까?'

하나님이 나를 의사로 부르셨기 때문이다. 그들을 치료해서 그리스도의 군사로 세우라고, 제자의 삶을 살게 하라고 나를 목사로, 의사로 세워 주신 것이다. 주님이꿈꾸신교회는 종합병원이다. 예수님 주변엔 언제나 가난하고 질병과 인생의 수많은 문제들로 고통을 당하고 아픔과 상처를 가진 사람들이 모였던 것처럼 종합병원교회가 결코 이상한 교회는 아니다. 물론 이런저런 환자(?)들을 상대해야 하다 보니, 쉬운 목회는 아니다. 그래도 내가 감당해야 할 사명이니 오늘도 그들과 함께 한 몸 이루며 걸어가고 있다.

비록 세상 의과대학은 나오지 않았지만 하나님은 나를 통해서 병든 자를 치유하고 계신다. 나는 복음의 칼을 든 의사다. 오늘도 또 다른 환자를 기다리고 있다.

예수께서 이들 열둘을 내보내실 때에, 그들에게 이렇게 명하셨다. "이방 사람의 길로도 가지 말고, 또 사마리아 사람의 고을에도 들어가지 말아라. 오히려 길 잃은 양 떼인 이스라엘 백성에게로 가거라. 다니면서 '하늘 나라가 가까이 왔다'고 선포하여라. 앓는 사람을 고쳐 주며, 죽은 사람을 살리며, 나병 환자를 깨끗하게 하며, 귀신을 쫓아내어라. 거저 받았으니, 거저 주어라. _새번역 마태복음10:5-8

4.

네 성격에
설교는 하겠냐?

요즘 텔레비전이나 인터넷 방송(유투브, SNS)에서 내 설교나 집회 영상이 나오는 것을 볼 때마다 어릴 적 불렀던 노래가 생각이 난다.

텔레비전에 내가 나왔으면 정말 좋겠네 정말 좋겠네
텔레비전에 내가 나왔으면 정말 좋겠네 정말 좋겠네
춤추고 노래하는 예쁜 내 얼굴
텔레비전에 내가 나왔으면 정말 좋겠네 정말 좋겠네

정말 노래한 대로, 말한 대로 내가 텔레비전에 나오고 있다. 그리고 인터넷으로 전 세계에 방송이 되고 있다. 어느 날, 교계 유명

한 부흥사이시면서 교단 선배이신 목사님으로부터 전화가 걸려
왔다.

"장용성 목사님!"

"예, 목사님! 무슨 일로 전화를 다 주셨어요?"

"장용성 목사님이 우리 교단에 계신다는 것이 얼마나 행복한지
모르겠습니다."

"갑자기 무슨 말씀이세요?"

"아는 목사님께서 저에게 카톡으로 영상 하나를 보내주셨습니
다. 요즘 목사님들 사이에서 돌고 있는 은혜 영상이라면서 꼭 보
라는 것입니다. 그래서 봤더니 목사님의 영바오(영혼을바꾸는 5분)
설교영상이지 뭡니까? 5분 동안 보는데 얼마나 말씀에 은혜와 감
동이 되던지, 영상 보고 바로 전화 드렸습니다."

"아이고, 부끄럽습니다. 저 같은 것이 무엇이라고, 전화까지…
감사합니다."

"목사님! 멋집니다."

사람들은 나에 대해서 생각할 때, TV에도 나오고, 말도 잘하고
청중들을 휘어잡는 능력이 있어서 '타고난 성품', '만능 엔터테이
먼트', '능력자'일거라고 생각들 한다. 그러나 전혀 아니다.

나는 어릴 적 할머니, 아버지, 어머니, 그리고 6남매, 모두 9명
이나 되는 대가족 속에 살았다. 아버지는 말씀이 없으시다. 지금

껏 살면서 아버지와 대화한 시간을 계산해 보라고 하면 50시간이나 될까? 적어도 내 기억 속에는 아버지와 대화한 시간이 그리 많지 않다.

아버지의 성품을 닮아서일까, 나도 말이 없다. 가정 분위기만 조용한 것이 아니라 천성이 내성적이고 우울질의 성향을 가지고 태어났다.

두 형들은 공부한다고 일찍이 시골을 떠나 도시로 나갔고 집에는 말 없으신 아버지와 욕쟁이(?) 할머니와 어머니 그리고 누나들과 여동생만이 있었다. 그렇다 보니 놀아도 누나들이나 여동생하고 놀아야 했다.

마당에서 누나들과 여동생과 함께 하는 고무줄놀이는 나에게 즐거움을 주는 놀이문화였다. 지금도 기억나는 고무줄놀이 노래가 있다.

"금강산 찾아가자 일만 이천 봉!"
"전우의 시체를 넘고 넘어 앞으로 앞으로 낙동강아 잘 있거라. 우리는 전진한다."

나는 고무줄놀이의 고수가 되었다. 남자아이들은 여자아이들이 놀고 있는 고무줄을 끊고 도망갈 때 나는 그 남자아이들을 잡으러 다녔다. 고무줄놀이가 끝나면 조개껍질을 주어 여동생과 소꿉놀이를 한다. 역할 놀이다. 배역은 내가 정한다.

"내가 엄마 할게. 넌 내 딸 해."

"알았어. 오빠, 아니 엄마."

풀을 썰어 조개껍질에 올려놓고 요리를 만들고 모래를 부어 밥을 만든다.

소꿉놀이가 끝나면 방에 들어가 또 다른 놀이세계에 빠져 든다. 종이인형 옷 입히기 놀이다. 옷 하나 걸쳐 입지 않은 종이인형에 옷과 신발과 악세사리를 입혀 준다. 입혀 줄 때는 반드시 옷걸이를 꺾어 줘야 하는 센스.

집 앞에는 정원이 있었다. 나는 그곳에 씨앗을 뿌리고 꽃을 심는다. 매일 물을 주면서 싹이 나고 꽃이 피기를 기다린다. 채송화, 맨드라미, 수선화, 나팔꽃, 달맞이꽃, 이런 꽃들을 보면서 자랐다.

우리 집은 마을 뒷동산에 자리 잡고 있었다. 엄마가 마을로 내려가시면 나도 따라간다. 엄마가 동네 어르신들과 얘기 나누실 때 나는 앉아서 풀을 뽑고 있다. 부모님들이 밭에 나가시면 나는 새참으로 술빵을 찌고 가마솥에 저녁밥을 짓는다. 그런 나를 집에서는 얌전한 살림꾼으로 불렀다.

주일이면 엄마는 교회를 가시기 위해 화장을 하신다. 나는 그 옆에 앉아서 엄마를 지켜보다가 엄마를 따라서 한다.

"엄마! 나도 화장해도 돼?"

"그래. 해 봐라."

엄마처럼 립스틱을 바르고 머리엔 누나들의 머리띠를 하고 치마도 입어 본다. 그리고 한 바퀴 돌면서,

"엄마! 나 이뻐?"
"그래. 우리 아들이 제일 이뻐."

중학교 1학년 때 교회에서 연합수련회를 갔다. 첫날 조별 모임을 하면서 꽁트를 만들어 발표하는 시간이 있었다. 각자 배역을 정하는 시간이었다. 꽁트의 내용은 예수님의 탄생에 관한 이야기였다. 등장인물에는 요셉과 마리아, 동방박사 세 사람, 목자들이다. 배역을 정하는 시간에 제일 먼저 손을 들었다.

"용성이 어떤 배역 하고 싶은데?"
"마리아는 제가 할게요!"

임신한 마리아 역할을 자처했다. 그것이 내겐 편했다. 남자였지만 여자들하고 오랜 시간을 보내다 보니 여자 역할이 내게 어울린다고 생각했던 것이다. 그렇다고 성 정체성에 문제가 있는 것은 아니다. 성품과 환경이 나를 여성스럽게 만든 것이다. 지금은 전혀 그렇지 않다. 난 남자다.

▲ 중학교 1학년 연합수련회 중

    내성적이고 우울질의 기질을 가지고 있고, 거기에 아버지의 영향을 받아 말도 없다. 이런 내가 성령의 은혜를 받고 나니 달라진 것이다.

    내가 개척을 한다고 하니까 아버지는 많은 걱정을 하셨다고 한다. 집에 와도 말도 잘 안하고 성품도 조용한 아들이 목사가 된다고 하니 내심 걱정되신 것이다. 목사가 되면 앞에서 설교도 해야 하고 성도들을 지도하려면 통솔력과 지도력, 리더십이 있어야 하는데 아버지가 생각하는 아들은 전혀 그런 모습이 없었기 때문에 '저래서 어디, 목사나 할 수 있을까? 설교는 할 수 있겠나?' 하는 걱정이 이만저만이 아니셨다고 한다. 지금은 그런 걱정을 안 하신다.

    "너는 어디서 그런 힘이 나오냐? 어쩜 그렇게 찬양도, 말도 잘하냐?"

아버지의 말씀[1]에 난 그저 피식 웃고 만다. 집에선 여전히 말 없는 수줍은 아들이다. 텔레비전에 나오는 아들의 모습을 아버지는 매일 지켜보고 즐거워하신다. 그리고 만나는 사람마다 아들을 자랑하신다.

"우리 아들이 텔레비전에 나와. 유명한(?) 목사가 되었어. 수백 명의 학생들이 말씀을 들으려고 모여들어."

가난하고 무명했던 아들을 보시고 자랑스러워하며 기뻐하시는 아버지의 모습 속에서 하나님 아버지의 마음을 본다. 연약한 나를 보시고 기뻐하시는 하나님, 나의 이름을 유명하게(?) 만들어 가시는 하나님이시다.

내가 너로 큰 민족이 되게 하고, 너에게 복을 주어서, 네가 크게 이름을 떨치게 하겠다. 너는 복의 근원이 될 것이다. _새번역 창세기 12:2

---

1) KT올레TV 채널 888번 성경, 찬양>추천설교>주꿈교회 장용성, 성경, 찬양>특별집회>유스비전 청소년집회, 영바오에서 언제든 말씀을 다시 볼 수 있다. 기독교 방송에도 집회 실황이 방송되고 있다.

5.

콜라 사이다 방언

내성적이며 표현도 잘 못하는 내가 목사가 되었다고 하면 모두가 놀란다. 그것도 다음 세대 사역의 전문가(?)가 되었다고 하면 두 번 놀란다. 내가 다음 세대 사역자가 되겠다고 마음먹게 된 계기가 연합수련회이다.

고등학교 1학년이 되었을 때, 여름방학이 되어 교회에서 기도원으로 수련회를 가게 되었는데 태어나서 처음으로 기도원이라는 곳을 가게 된 것이다. 거기에는 이미 2천여 명의 성도들이 모여 있었다.

저녁집회 시간이 되어 우리 교인들과 함께 자리를 잡고 예배를 기다리고 있는데 저녁 7시가 되자 예배당은 사람들로 가득 찼고 찬양을 인도하는 전도사님이 나오셔서 찬양을 시작했다.

"할렐루야, 살아계신 하나님을 찬양합시다."
"아멘!"

전도사님의 멘트가 끝나자마자 처음 들어보는 키보드 소리와 드럼 소리가 내 심장을 두들겼다. 반주에 맞춰 전도사님이 찬양을 하자 순간 성도들이 자리에서 일어나 모두가 춤을 추고 큰 소리로 찬양을 시작했다.

잠시 세상에 내가 살면서 항상 찬송 부르다가
날이 저물어 오라하시면 영광 중에 나아가리
열린 천국문 내가 들어가 나의 짐을 내려놓고
빛난 면류관 받아쓰고서 주와 함께 다스리리

내가 우리 교회에서 듣던 찬양과는 분명 달랐다. 가사는 같은데 빠르기와 악기 소리와 분위기가 달랐다. 내가 어려서부터 다녔던 교회는 정통 장로교단(통합)으로 경건함과 거룩함이 흐르는 교회였다.

나는 중학교 때까지 성가대 베이스 파트를 맡아 봉사했다. 주일 아침 일찍 성가대 연습을 마치고 예배당으로 들어가면 연세가 지긋이 드신 성도님들이 자리에 앉아 예배를 준비하고 계셨고 그 사이로 성가대원이 줄을 맞춰 들어갔다. 성가대원이 자리에 앉으면 목사님께서 예배를 집도하신다.

"다 같이 묵도하심으로 주일낮 예배를 여호와 하나님께 드리겠습니다."

"땡! 땡! 땡!"

강대상 위에 있는 황금종을 세 번 때리면 성가대원이 묵도송을 부르고 목사님의 기도와 사도신경, 교독문 낭독, 찬양, 그리고 연로하신 장로님의 대표기도가 이어진다.

헛기침을 하시며 강단에 오르신 장로님은 검은 뿔테 안경을 콧잔등 위로 치켜 올리시고 종이에 써온 기도문을 또박또박 읽으신다.

"에헴~ 다 같이 기도하시겠습니다. 거룩하시고 자비로우시며 우주 삼라만상을 창조하시며 생사화복을 주관하시는 전지전능하신 여호~~~와여!!"

장로님의 기도는 말도 느릿느릿하지만 서론은 더 길다. '여호와여'란 말이 나올 때까지 한참을 기다려야 하고 계속 이어지는 기도는 성도들로 하여금 입신(?)의 경지에 이르게 하는 능력이 있다. 그렇게 장로님의 기도는 창세기로 시작해서 요한계시록까지 성경전체를 이야기하신 후 마무리가 된다. 이미 성도들 가운데는 주님의 얼굴을 뵙는 분들도 계신다.

무사히 장로님의 기도가 끝나면 목사님은 경건하고 권위 있는 목소리로 성경본문을 또박또박 읽으신다.

"오늘 하나님께서 우리에게 주시는 말씀 창세기 1장 1절로부터 10절 말씀을 대독해 올리겠습니다. 태초에 하나님이 천지를 창조하시느니라…."

이어서 성가대 찬양이 울려 퍼진다. 잠시 잠들어 있던 성도들은 분위기 전환에 잠을 깨고 성가대 찬양을 듣는다. 곡명은 '거룩한 성'

나 어제 밤에 잘 때 한 꿈을 꾸었네
그 옛날 예루살렘 성의 곁에 섰더니
허다한 아이들이 그 묘한 소리로
주 찬미하는 소리 참 청아하도다
천군과 천사들이 화답함과 같이
예루살렘 예루살렘 그 거룩한 성아
호산나 노래하자 호산나 부르자

성가대 찬양이 끝나고 드디어 목사님의 설교가 시작된다.

"여호와 하나님은 우주 만물을 창조하신 창조주이십니다…"

설교가 시작 되자마자 성도들의 눈꺼풀은 무거워진다. 그럴 만하다. 성도들 대부분이 연세가 드셨고 시골에서 농사짓는 분들이라 교회 오면 조용하고 몸도 나른해지니 얼마나 졸립겠는가? 이미 장로님의 기도에 설잠을 자는데 목사님의 설교는 안정적으로 잘 잘 수 있는 충분한 시간이 된다. 성가대석에서 성도들의 조는 모습을 지켜보던 나도 어느새 함께 졸고 있다.

그러나 더욱 놀라운 일은 목사님의 설교 끝나기 5분 전에 모든 성도가 기상한다는 것이다. 그렇게 예배가 평안함과 안전하게 마치면 목사님은 젤 뒤에 가서서 성도님들 한 분 한 분 손을 잡아 주시면서 인사를 한다. 그러면 성도들은 하나같이 "목사님 오늘 말씀에 은혜 받았습니다."하신다. 사랑하는 자들에게 잠을 주시는 하나님의 은혜를 누렸나 보다.

이런 시골 정통성을 자랑하는 교회에서 자랐던 나는 수천 명이 모인 기도원 집회가 낯설었는데 모인 무리가 찬양하는 모습은 재미있기도 하고 실로 놀라울 뿐이었다. 빠른 찬양, 느린 찬양 바꿔가면서 뜨겁고 열정적으로 한 시간을 찬양했다.

대부분이 일어나서 찬양을 하는데, 손뼉을 치는 것은 기본이고 어떤 분들은 관광버스 춤을 추면서 뱅글뱅글 돌기도 한다. 손을 들고 찬양하다가 우는 분들도 계시고 웃는 분들도 계시고, 각기 다른 모습으로 찬양을 하고 있었다. 교회 다닌 이후 처음 보는 광경이었다. 그러더니 찬양 인도자가 주여 삼창 통성기도를 한다는 것이다.

우리 교회는 통성기도라는 것이 없다. '주여 삼창'이라는 단어도 처음 들어봤다. 내가 경험한 기도는 '묵상기도', '대표기도', '사도신경', '주기도문'이 전부였고, 기도시간에는 절대로 눈을 떠도,

입을 벌려도 안 된다고 교육받았다. 그런데 통성기도를 한다는 것
이다. 그것도 '주여 삼창'을 하는 것이다. '주여 삼창이 뭐지?' 드
디어 기도가 시작되었다.

"주여! 주여! 주여!"

내 귀엔 '죽여, 죽여, 죽여'로 들렸다. 그리고 2천 명이 넘는 성
도들은 갑자기 괴성을 지르기 시작했다. 정말 미친 듯이 소리를
지르는 것이 아닌가? 그러더니 이쪽저쪽에서 울음소리와 함께 가
슴을 치면서 기도를 한다.

"하나님 나를 용서해 주세요. 제가 죽일 년입니다. 나 같은 죄인
용서하여 주시옵소서!"

내가 봐도 죄인처럼 보였다. 그들의 기도 내용을 듣고 있자니
나는 거룩하고 의인인데 그들 모두는 죄인이었다. 흉악범들은 기
도원에 다 모였다는 것을 그때서야 알게 되었다. 나는 바리새인
중의 바리새인이요 율법으로는 흠이 없는 자였던 것이다.

한 시간 동안 찬양을 하더니 이번에는 기도를 한 시간을 시키는
것이 아닌가? 1분만 기도해도 할 말이 없는데 어떻게 한 시간을
기도할 수 있나? 그것도 이상한 행동과 소리를 지르면서 말이다.

나는 고개를 숙이고 '무슨 기도를 어떻게 해야 하나' 생각하다

'저 사람들이 무슨 기도를 하는지 들어봐야겠다.'는 생각이 들어 귀를 기울였다. 그런데 이상한 소리가 들리는 것이 아닌가? 내가 들은 말은 한국말이 아니었다. 처음 들어보는 말들이었다.

　"랄랄랄라~~~!"
　"알라깔라알라깔라~!!!"

　도대체 알아들을 수 없는 말을 하고 있는 것이 아닌가? 나중에 안 사실은 그런 말들이 '방언기도'라는 것이었다. 나는 태어나서 처음 들어보는 '외계어'였다. 어떤 분은 양손을 막 흔들고, 어떤 분은 떼굴떼굴 구르기도 했고, 어떤 분은 장풍을 쏘시는 분도 계셨다.

　"으슈! 으슈!! 으빠~!"
　'내가 오지 말아야 할 곳에 왔구나!'

　TV에서 많이 봤던 장면이다. 'PD수첩', '그것이 알고 싶다'에서 이단 사이비집단의 실태를 봤던 기억이 떠올랐다. '그런 곳이 있다더니 내가 바로 그런 곳에 왔구나.' 나는 정상인데 그들 모두가 비정상처럼 보였다. 그렇게 한 시간이 흐른 뒤 머리가 훤하신 강사 목사님이 강단에 올라오셨다. 기도를 하시는데 뱀장수처럼 목이 다 쉬어 있었다.
　"할레루야~~! 살아계신 하나님, 오늘 이 밤에도 성령으로 임하시옵소서! 성령님, 환영합니다."

정말 특이한 곳이었다. 목소리도 이상하고 발음도 이상하고 생김새도 이상했다. 설교는 얼마나 길던지 새벽 2시가 되어서야 저녁집회가 끝이 났다.

그 다음 날 새벽예배부터 아침예배, 오후예배, 저녁예배 하루 네 번씩 집회가 계속 되었다. 차비도 없으니 갈 수도 없고, 산 속에 들어와 있으니 이곳이 어딘지도 모르겠고, 기도원집회는 금요일에 끝난다고 하고, 4박 5일을 그렇게 보내야 한다는 것이 나를 힘들게 했다.

삼일 째가 되었다. 방식은 똑같았다. 저녁집회 시간이 되어 나는 여전히 예배당에 앉아 있었다. 모두가 방언으로 기도하고 울고 소리를 지르는데 나만 정상적으로 앉아 있으니 마치 내가 비정상이 된 듯한 기분이 들어서 갑자기 그들처럼 해 봐야겠다는 생각이 들어서 방언 기도를 흉내 내보기로 했다.

'랄랄랄라?? 그래 그럼 나도 이렇게 기도하면 되겠네.'

나는 방언기도를 시작했다.

"콜라콜라콜라콜라~~!"
말을 빨리 하니 비슷했다. 콜라만 하니 심심하지 않은가? 그래서 메뉴를 바꿨다.

"사이다사이다사이다! 콜라사이다!"

방언을 만들어냈다. 사람들은 나에게 축하해준다. 방언 받았다
고, 콜라사이다방언! 물론 지금은 콜라사이다 방언을 하지 않는
다. 성령님이 시키시는 대로 방언을 말한다.

오순절이 되어서, 그들은 모두 한 곳에 모여 있었다. 그때에 갑자기 하늘에서
세찬 바람이 부는 듯한 소리가 나더니, 그들이 앉아 있는 온 집안을 가득 채웠
다. 그리고 불길이 솟아 오를 때 혓바닥처럼 갈라지는 것 같은 혀들이 그들에
게 나타나더니, 각 사람 위에 내려앉았다. 그들은 모두 성령으로 충만하게 되
어서, 성령이 시키시는 대로, 각각 방언으로 말하기 시작하였다. _새번역 사도행
전 2:1-4

6.

관절염을
고쳐 주셨어요

　중학교 3학년 때부터 운동을 하거나 조금만 걸어도 무릎이 아팠다. 처음엔 무리하게 운동을 해서 무릎이 아픈 줄로만 알았다. 하지만 시간이 지날수록 무릎의 통증은 사그라지지 않고 부어올랐다.

　도저히 무릎이 아파서 걸을 수 없게 되어 전주에 있는 병원을 찾아갔다. 의사 선생님은 X-ray를 찍어 보시더니 설명해 주신다.

　"양쪽 무릎에 급성 관절염이 생겼습니다. 수술은 할 수 없고 깁스를 해서 재활치료를 받으면 나아질 수도 있습니다."

　'중학생인 내가 관절염이라니…"
　의사 선생님의 검사결과를 듣고 깁스를 하기로 결정했다. 하지만 양쪽 다리를 다 할 수 없어 오른쪽 다리에만 깁스를 먼저 하고 나아지면 다른 한쪽도 하기로 했다.

깁스를 하고 난 후 생활하기가 얼마나 불편하던지, 걸음은 거의 로보캅 수준으로 걸어야 했다. 가장 큰 불편은 화장실에 가는 것이었다. 지금이야 수세식 좌변기가 있지만 그 당시엔 오로지 앉아서 볼 일(?)을 봐야 하는 화장실 구조였기 때문에 작은 것을 볼 때는 그래도 안정적으로 볼 수 있지만 문제는 큰 것을 해결할 때다. 앉을 수도 없고 그렇다고 서서 일을 치를 수 있는 것도 아니었다. 지금 생각하면 3, 4개월을 어떻게 해결했는지… 일주일에 한 번씩 몰아서 해결했던 것 같다.

4개월이 지났을 때 생활하기가 너무 불편해서 집에서 깁스를 잘라버렸다. 4개월 만에 로보캅 다리를 벗어던지니 얼마나 홀가분하던지, 하지만 관절염은 나아지지 않았다. 그렇게 고등학교에 진학하게 되었다.

70, 80년대만 해도 중고등학교에선 체벌이 심했다. 선생님들의 체벌도구는 다양했다. 당구 스틱, 대나무 뿌리, 대걸레자루, 두꺼운 50cm자, 하키라켓 등등 이루 말할 수 없는 살상무기들을 소유했던 선생님들은 스스로 체벌이 타당하다 생각하시면 그 즉각 응징하셨다. 중학교 1학년 때 '떠들기 왕'으로 뽑혀서 대걸레자루로 55대를 맞은 기억이 있다. 지금도 난 내가 왜 '떠들기 왕'으로 뽑혔는지 믿겨지지 않는다. 나처럼 조용하고 내성적인 사람을 왕으로 뽑아줬으니 감사하긴 한데, 좀 그렇다~!

    고등학교 때엔 책상을 머리 위로 들어 올려 한 시간을 서 있게 한다든지, 아니면 책상 위에 올라가 무릎 꿇게 하고 선생님은 반 학생 전원을 살상무기로 무릎을 때리셨다. 그날도 선생님은 모두 책상 위에 올라가 무릎을 꿇으라고 말씀하셨다. 그러나 난 관절염 때문에 할 수 없었다. 그저 책상 옆에 서서 기다렸다.

    앞 친구들부터 사정없이 때리시고 오시다가 내 차례가 되었다. 선생님은 나를 위아래로 훑어 보신다.

    "넌 뭔데 책상 위에 안 올라갔어~ 이색꺄! 반항해?"
    "관절염인데요."
    "뭐? 이색꺄?"

    친구들이 거들어 준다.

    "선생님, 용성이 관절염 맞습니다."
    "뭐? 이색꺄? 그럼 손 내밀어 색꺄!

    그 당시는 왜 이렇게 선생님들이 욕을 잘하셨을까? 말끝마다 욕이다! 나는 손 내밀라 해서 손을 내밀었다.

    "손바닥 뒤집어 이색꺄!"
    뒤집었다. 선생님은 가지고 있던 대나무 뿌리 매로 사정없이 내리치셨다. 대나무 뿌리는 절대 부러지지 않는다. 선생님들의 탁월한 선택이었다.

관절염은 전혀 나아지지 않은 상태에서 연합수련회에 갔다. 사람들이 많은 비좁은 예배당에는 의자도 없이 그저 무릎을 꿇고 앉거나 좌정하고 앉아야 했다. 나는 무릎이 아프니 무릎을 꿇을 수도 없었고 아빠 다리하고 앉을 수도 없었다. 제일 편한 방법은 다리를 쭈욱 펴고 앉는 것이다. 그것도 한 시간 동안 그렇게 하면 쥐가 난다. 가끔 옆으로 살짝 비껴 앉아야 한다. 그런데 예배시간은 얼마나 긴지, 나에겐 고문의 시간이 아닐 수 없었다. 그렇게 3일째가 된 것이다.

콜라사이다 방언 이후 말씀 시간이 되었다. 전날 밤에 말씀을 전하셨던 강사님이 다시 나오셨다. 목소리와 억양은 변함이 없었다.

"할레루~야! 하나님은 살아 계십니다. 예수 그리스도는 어제나 오늘이나 영원토록 동일하십니다.[2] 그 하나님께서 오늘 이 자리에 계신 병든 자들을 고치십니다. 중앙에서 오른쪽에 계신 분 하나님께서 암병을 치료하십니다. 할레루~야! 맨 끝에 계신 분 치질을 치료하십니다. 할레루~야! 부인병도 치료하시고 각색질병, 하나님께서 다 치료하십니다! 믿습니까?"

....
2)   히브리서 13:8 예수 그리스도께서는 어제나 오늘이나 영원히 한결같은 분이십니다.

"아멘!!"

회중들은 박수를 치고 난리가 났다. 병이 나았다고 하는 사람들은 일어나서 손을 흔들고 펄쩍펄쩍 뛰기도 한다.

'도대체 이게 무슨 현상인가? 드디어 시작된 건가?'

강사 목사님이 병든 사람들은 앞으로 다 나오라고 하셨다. 안수기도를 해 주신다는 것이다. 그러자 수많은 사람들이 중앙으로 두 줄로 서니 목사님은 머리를 한 대 때리시면서

"예슈 이름으로, 할레루~야! 아멘!"

그러면 어떤 사람들은 뒤로 발라당 넘어지기도 하고 소리를 지르기도 하고 떼굴떼굴 구르는 사람도 있었다. 나도 그 줄에 섰다. 내 차례가 되었다. 전 사람과 동일하게 내 머리를 한 대 때리셨다. 아팠다. 그러나 넘어지지 않았다. 나를 옆으로 밀어낸다. 난 그냥 제자리로 돌아왔다. '왜 넘어지지 않았지? 역시 내가 정상이야!'

한참 안수기도를 마치시더니 이번에는 설교를 하다 말고 병든 사람들은 강단으로 올라오라고 하신다. 그때 뒤쪽에 앉아 계셨던 40대 초반쯤 되어 보이는 남자를 안내위원 남자 두 분이 번쩍 들어 강단으로 데리고 올라갔다. 그러자 그 남자와 목사님은 서로

눈을 마주본다. 목사님께서 무슨 병이냐고 묻자 남자는 어려서부터 걷지를 못하고 앉은뱅이로 살아왔다고 했다.

"내게 있는 것으로 네게 주노니 나사렛 예수 이름으로 일어나 걸어라!"[3]

목사님은 그 남자의 손을 잡더니 일으킨다.

"예수 이름으로, 일어나 걸으라!"

남자는 굽어져 있던 다리를 조금씩 펴더니 한 걸음씩 걷기 시작했다. 목사님은 그 남자의 잡은 손을 놓고 혼자 걸으라고 한다. 남자는 혼자 걷기 시작하면서 찬양을 했다.

"살아계신 주 나의 참된 소망
걱정 근심 전혀 없네
사랑의 주 내 갈 길 인도하니
내 모든 삶의 기쁨 늘 충만하네"

찬양이 끝나자 그 남자는 혼자 강단계단을 기우뚱 거리며 내려

---

3)   사도행전 3:6 베드로가 말하기를 "은과 금은 내게 없으나, 내게 있는 것을 그대에게 주니, 나사렛 예수 그리스도의 이름으로 [일어나] 걸으시오" 하고,

갔다. 난 그 장면을 보고 알았다.

"확실하네. 사기다! 어쩜 이렇게 짜고 쇼를 잘할까? 저러니 사람들이 현혹되고 속아서 헌금도 하고 이단 사이비에 빠지지! 확실해! 저 사람 연기 정말 잘한다! 저 목사님도 목소리부터가 보통이 아냐! 완전 뱀장수 사기꾼이야!"

의심의 눈초리로 나는 그 장면을 목격하며 생각하고 있는데, 30대 초반쯤 되어 보이는 여자 분이 6살 된 여자아이를 앉고 강단으로 올라갔다. 난 그 사람들을 자세히 관찰하기 시작했다.

"무슨 병으로 왔습니까?"
"우리 아이는 나면서부터 듣지도 못하고 말하지도 못합니다."

이건 또 무슨 상황인가? 6살 되었는데 듣지도 못하고 말하지도 못한다고? 여자아이는 울고 있었다. 사람들도 많고 그 상황이 두려웠나 보다. '어른들은 충분히 짜고 사기 칠 수 있지만 어린아이들은 순수하기 때문에 사기 칠 수 없을 것이다.' 라고 생각했다.
어린이들은 얼마나 순수한가? 엄마가 아이들한테 "목사님 전화 오면 엄마 집에 없다고 그래라"하면 아이들은 정말 그대로 말한다.

"목사님, 엄마가 엄마 집에 없다고 그러래요!"

난 여자아이와 엄마를 유심히 관찰했다. 엄마도 울고 있었고 아이도 울고 있었다. 이번은 사실인 것 같았다. 이 수많은 사람 중에 진실한 사람도 있지 않겠는가?

"예수님께서 치유해 주실 것을 믿으십니까?"
"아멘!"

목사님은 아이의 엄마와 아이의 머리에 손을 얹고 기도하시더니 갑자기 그 아이의 입을 벌리고 손가락을 입에 넣어 소리를 지르신다.

"에바다!(열려라)[4]"

양쪽 귀에도 손가락을 넣고 똑같이 소리를 지르신다.

"에바다!"

그리고는 아이를 앞에 두고 목사님은 뒤로 가시더니 말씀하셨다.

"나를 따라 해라. 엄마!"

---

4)　마가복음 7:34 그리고 하늘을 우러러보시고서 탄식하시고, 그에게 말씀하시기를 "에바다" 하셨다. (그것은 열리라는 뜻이다.)

"오옴므아~!"
"아빠"
"아읍빠~"
"예수님 사랑해요."
"예뚜님 따랑해요."
"예수님 치료해 주셔서 감사해요."
"예뚜님 깜사해요."

아이가 말을 시작했다. 내 눈에 눈물이 흘렀다. 짜고 한 것이 아니었다. 사실이었다. 어린아이의 입술로 "예수님 치료해 주셔서 감사합니다." 하는 그 말이 내 가슴을 쳤다. 나는 믿음이 없었던 것이다. 아니, 나는 예수님을 믿지 않았던 것이다. 그 모든 상황이 거짓이고 사이비집단의 행태라고 생각했지 하나님의 말씀이 살아 움직이는 현장과 성령의 역사라고 믿지 못했던 것이다.

나는 바리새인 중의 바리새인이었다. 회개의 눈물이 흐르기 시작했고 진실로 기도하기 시작했다. 마음에서 우러나오는 통성기도로 예수님의 이름을 불렀다.

"예수님, 나의 믿음 없었음을 용서해 주시고 내게 믿음을 주시옵소서. 하나님이 살아계심을 경험하게 하여 주시옵소서! 하나님이 살아 계시다면 내 병도 고쳐 주시옵소서."

그렇게 얼마나 소리 지르며 울며 기도했던지, 한참을 서서 기도하고 있는데 내 마음에 확신이 들었다.

"사랑하는 나의 아들아, 내가 너의 병을 고쳤다."

하나님의 음성이 들렸다. 내 병을 고치셨다는 것이다. 병원에서도 안 되던 것을 하나님께서 고치셨다는 것이다. 그런데 그것을 '어떻게 믿을 수 있나!' 그래서 난 확인해 보았다. 서서 기도하고 있었는데 그 순간 나는 무릎을 꿇었다. 캠프에 와서 한 번도 무릎을 꿇은 적이 없었다. 무릎을 꿇는 순간 놀라운 일이 일어났다. 그렇게 아프던 무릎이 하나도 아프지 않는 것이다. 하나님께서 치료해 주신 것이다. 나는 그 자리에서 펑펑 울었다.

"하나님 내 병을 고쳐 주심에 감사합니다. 그동안 나의 믿음 없음을 용서해 주시고 내게 성령을 부어 주시옵소서!"

그렇게 한참을 울면서 목이 쉬도록 기도하는데 내 입에서 이상한 말이 나오기 시작했다.

"랄랄랄라~~~"

내 입을 내가 조절할 수 없었다. 혀가 꼬이고 나도 못 알아듣는 말이 나오면서[5] 마음에 평안과 기쁨이 넘쳤다. 이젠 내가 만들어 낸 '콜라사이다방언'이 아닌 성령님이 말하게 하시는 대로 방언기도를 할 수 있게 된 것이다.

하나님께서 양쪽 무릎의 관절염을 그 순간 다 치료해 주셨다. 그 후로 지금까지 무릎의 통증도 없이 잘 걷고 잘 뛰고 있다. 그때 관절염으로 인한 무릎에 뼈가 튀어나온 현상은 지금도 그대로 가지고 있다. 하나님께서 치료해 주셨음을 간증하라고 남겨 주신 흔적이다.

---

5)　고린도전서 14:2 방언으로 말하는 사람은 사람에게 말하는 것이 아니라, 하나님께 말하는 것입니다. 아무도 그것을 알아듣지 못합니다. 그는 성령으로 비밀을 말하는 것입니다.

7.

열심히 다녔는데
지옥 간다면 억울해!

하나님은 나의 관절염을 치료해 주시고 성령을 선물로 주셨다. 은혜를 받고 나니 얼마나 감사한지, 세상이 달라 보였다. 바람도 나를 위해 불어 주고 있고, 나무와 꽃들과 새들이 하나님을 찬양하면서 나를 축복해 주고 있었다.

"용성아, 하나님의 자녀가 된 것을 축하해! 넌 예수님이 가장 사랑하시는 보배롭고 존귀한 주의 자녀야!"

이전에 느껴보지 못한, 세상이 줄 수 없는 평안과 기쁨을 가지게 되었다. 이젠 기도하는 것이 즐겁고 찬양하는 것이 행복했다. 지루하고 길게만 느껴졌던 말씀은 꿀 송이처럼 달았다.

하나님의 살아계심을 경험하고 은혜를 받고 나니 내 가슴 속에서 왠지 모를 분노가 일어났다. 그 분노는 내 과거의 신앙생활에 관한 것이었다.

나는 모태신앙으로 교회생활을 했다. 어려서부터 교회에서 하는 모든 행사는 다 참여했고 6년 개근상을 받을 정도로 열심의 특심이었다. 교회 성도들로부터도 집사님의 아들로 많은 사랑을 받았다.

목사님 아들이 친구였기 때문에 학교가 끝나면 매일 교회로 놀러 가거나 교회에서 공부하는 것이 자연스러웠다. 집사님이셨던 어머니는 목사님들을 섬기는 일을 참 잘하셨다. 어릴 적 생각엔 '왜 저렇게 목사님들께 잘하시지?' 우리에겐 먹을 것을 안 줘도 목사님들께는 좋은 것을 대접하시는 어머님을 보면서 '목사님들은 좋겠다.'란 생각을 하면서 자랐다. 교회는 내 생활의 중심이었다.

그런데 성령을 받고, 은혜를 받고 나니 나의 그런 모든 생활이 종교인의 모습에 불과했다는 것을 깨닫게 되었다.

수많은 사역자들이 나를 거쳐 갔고, 수년간 여러 교사들도 나를 지도했건만 나에게 영적인 세계에 대해서, 성령님에 대해서 확실하게 가르쳐 준 사람들은 내 기억에 없다. 집사님의 아들로 교회생활에 충실했지만 영적인 세계를 전혀 알지 못했던 나는 성경 한번 읽지 않았고 예수님이 하나님의 아들이시고 그리스도라는 사실을 믿도록 도와준 사람이 한 사람도 없었다. 그저 교회만 열심히 다녔던 것이다.

그저 예수님은 성경속의 인물로, 좋은 사람으로 기억했고 그렇게 초등학교, 중학교를 다녔으니 만약 내가 성령을 받지 못하고 예수님을 제대로 인격적으로, 영적으로 만나지 못하고 죽었다고 한다면 나는 분명 지옥에 떨어졌을 것이다. 이런 끔찍한 일이 일어났을 것을 생각하니 나를 지도했던 사람, 사역자, 교사들에게 분노가 일어났다.

사역자 한 사람이 깨어 있지 못해 맡겨진 영혼들에게 예수님에 대해서, 성령님에 대해서, 천국과 지옥에 대해서 바르게 가르치지 못하고 경험케 해주지 못해 그 영혼들이 지옥에 떨어진다면 그 양들에겐 얼마나 억울한 일이겠는가?

2006년 첫 캠프를 시작했을 때의 일이다. 말씀을 듣고 들은 말씀에 대한 조별 나눔을 하는 시간이 있었다. 그날 주제가 천국과 지옥이었다. 등록한 명단을 보고 임의로 구분하여 연령층에 맞춰 조편성을 했다.

조별모임이 끝나고 우리 교회 학생 한 명이 찾아왔다. 그리고 하는 말이,

"우리 조장 전도사님, 이상한 사람이에요."
"왜 무슨 일인데?"
"자기는 지금 전도사이지만 천국과 지옥을 안 믿는데요."

조편성을 하는데 이름이 여자이름이어서 자매조에 편성을 했는데 남자였던 것이다. 그리고 직분이 전도사였기 때문에 조장으로

세웠던 것이다. 조장이 자기소개를 먼저 하고 주제에 대한 나눔을 나누도록 시켰다는 것이다. 거기에는 청소년도 있었고 청년들도 있었다. 믿음 있는 친구도 있었을 것이고 믿음이 연약한 친구들도 있었을 것이다. 그날 말씀에 대한 서로의 생각과 받은 은혜를 나누고 있는데 마지막으로 그 전도사가 자기 생각을 말하더라는 것이다.

"나는 서울의 ○○교회 전도사입니다. 어려서부터 모태신앙으로 교회를 다녔습니다. 어릴 적에는 교회에서 가르쳐 준 대로 천국과 지옥을 믿었습니다. 그런데 청소년기를 보내고 신학교에 가서 공부를 하면서 천국과 지옥에 대한 믿음이 사라졌습니다. 천국과 지옥은 사람들이 꾸며낸 이야기란 생각이 들었고 지금은 '천국과 지옥이 있다'라고 믿지 않습니다."

이 이야기를 들었던 조원들은 큰 혼란에 빠졌고 분위기는 이상해졌다는 것이다. 그 자리에 같이 있었던 우리 교회 학생이 날 찾아와 사건의 전모를 고발한 것이다.

한번은 신학교에 갓 입학한 신학과 학생이 찾아왔다. 자신은 선교에 대한 사명과 비전을 받아 신학교에 들어갔는데 요즘은 '과연 이 길이 맞나' 의심이 들기도 하고 받은 은혜도 사라지고 있다는 것이다. 그렇게 된 이유인 즉, 신학교 개강 예배 때 총장님이 설교를 하시는데,

"여러분은 아직도 '예수 피'와 같은 구닥다리 신학을 믿습니까? 아직도 '천국과 지옥'이 있다고 믿습니까? 지금은 시대가 바뀌었고 신학도 바뀌었습니다."

이와 같이 설교를 하더라는 것이다. 총장의 설교를 듣고 큰 충격에 빠졌고 신학과 학생들의 학교생활을 보면서 회의를 느끼기 시작했다는 것이다. 기도모임, 전도모임에는 모이질 않는데, 데모하고 개강 술 파티하는 자리에는 학생들이 적극적으로 참여한다는 것이다. 함께 전도하자고 하면 미친 놈 취급하고 '왕따' 시키더라는 것이다. 그런 것을 경험하면서 '과연 이 길을 가야 하는가?' 하는 의문이 생겼다고 내게 질문을 한 것이다.

다원주의와 자유주의신학을 말하는 총장과 교수들이 가르치는 신학과 교리를 들은 학생들은 교회에 가서 어린이들에게, 청소년, 청년들에게 그 신앙을 전수할 것이다. 그러니 '천국과 지옥은 없다'라고 말하는 전도사가 나타나고 버젓이 그들이 학생부를 맡아서 지도하면서 '전도사님, 우리 전도사님' 소리 들어가면서 섬김과 영광을 받고 있는 것 아닌가? 지옥으로 끌고 가는 전도사, 목사, 교수가 많이 있다.[6]

내가 어릴 적 다녔던 교회는 이런 정도까지 가진 않았지만 내게

<hr />

6) 마태복음 23:15 "율법학자들과 바리새파 사람들아! 위선자들아! 너희에게 화가 있다! 너희는 개종자 한 사람을 만들려고 바다와 육지를 두루 다니다가, 하나가 생기면, 그를 너희보다 배나 더 못된 지옥의 자식으로 만들어 버리기 때문이다."

바른 진리, 바른 예수, 바른 성령을 가르쳐 주지 않았다. 내가 이와 같은 것을 모르고 열심히 교회는 출석하고 살다가 죽어 지옥에 갔다면 누구를 원망해야 하는가?

나와 같을 어린이, 청소년, 청년들이 많이 있을 것이라는 생각이 드니 그들이 불쌍하기도 하고 그들을 지도하는 사역자들에 대한 분노가 일어난다. 그래서 '다음 세대를 영적으로 깨우자! 죽어 가는 자들을 살려내자!'고 결심했다.

"하나님, 저를 써 주세요. 복음을 제대로 알지 못하는 다음 세대들과 사역자들에게 복음을 전하는 자로 써 주세요. 사역자, 교사 한 사람이 달라지면 교회가 살고 다음 세대가 살아납니다. 다음 세대가 살아나면 민족이 살고 세계 열방에 복음을 전할 수 있습니다. 그러니 이 일에 나를 써 주시옵소서!"

기도하고 기도했다. 그렇게 간절히 얼마나 기도했을까? 하나님은 내게 말씀으로 응답해 주셨다.

예수께서 다가와서, 그들에게 말씀하셨다. "나는 하늘과 땅의 모든 권세를 받았다. 그러므로 너희는 가서, 모든 민족을 제자로 삼아서, 아버지와 아들과 성령의 이름으로 세례를 주고, 내가 너희에게 명령한 모든 것을 그들에게 가르쳐 지키게 하여라. 보아라, 내가 세상 끝 날까지 항상 너희와 함께 있을 것이다.
_새번역 마태복음 28:18-20

가서 모든 민족을 제자 삼으라는 것이다. 그 일을 위해 나를 보내시겠다는 것이다. 그리고 주님이 내게 말씀해 주신 모든 명령을 그들에게 가르쳐 지키게 하면 주님이 나와 세상 끝 날까지 항상 함께 있으시겠다는 약속의 말씀이었다. 그리고는 한 말씀을 더 주셨다.

하나님께서 내게 성령을 주신 것은 내게 능력을 주시기 위함이고 능력 받아 예루살렘과 온 유대와 사마리아와 땅 끝까지 예수님의 증인이 되게 하시려는 말씀이었다. 나는 이 말씀을 응답으로 받고 밤새 교회 의자에 엎드려 눈물을 흘렸다. 나와 같이 연약한 자를 통해 하나님께서 일하신다 하시니 감사하지 않을 수 없었다.

지금까지 다음 세대 사역을 포기하지 않고 다음 세대 사역을 위해 목숨을 거는 이유가 바로 하나님이 내게 주신 언약 때문이다. 그리고 나는 그 언약을 이루기 위해서 앞으로도 계속 달려갈 것이다. 다음 세대들과 그들을 지도하는 리더들을 향해 나는 이 복음을 전할 것이다.

"교회만 다니지 말고 예수님을 하나님의 아들 그리스도로 믿으세요. 예수님을 믿지 않으면 목사라도 지옥 갑니다. 교사 한 사람이 깨어 있지 않으면 당신에게 맡겨진 영혼들은 지옥에 떨어지게 될 것입니다. 그러니 깨어 있으십시오."

나더러 '주님, 주님' 하는 사람이라고 해서, 다 하늘나라에 들어가는 것이 아니다. 하늘에 계신 내 아버지의 뜻을 행하는 사람이라야 들어간다. _새번역 마태복음 7:21

Chapter 2

나의
달려갈 길과
주 예수께
받은 사명

Mission ● 나의 사명

마라톤은 단기전이 아닌 장기전이다.
신앙생활도 치열하게 싸우며 인내하며 달음질하는 장기전이다.
목표점이 있는 자는 신발 끈을 힘껏 조여 매고 인내하며 끝까지 달린다.
사명이 있는 자는 흔들려도 뽑히지는 않는다.
오뚝이처럼 쓰러졌다가 벌떡 다시 일어나는 것이다.
예수님도 아버지의 사명을 가지고 이 땅에 내려 오셨다.
그 사명을 위하여 33년을 달려가신 것이다.
그 사명의 끝은 십자가와 부활이었다.
주 예수께 받은 사명이 있는가?

1.

다음 세대 사역에
목숨 걸다

다음 세대 사역은 장년사역을 위해 거쳐 가는 단계가 아니다. 많은 신학생이나 부교역자들이 더 큰(?) 사역을 위해 잠시 파트타임으로 해치우는, 하찮은 사역으로 치부하는 경우가 대부분이다. 말은 다음 세대가 중요하다고 하는데 정작 다음 세대를 위해 투자하거나 귀하게 여기는 담임목사도 그리 많지 않다.

대부분이 장년사역에 눈을 돌리고 장년사역을 위해 더 많은 투자를 하고 그들을 섬기는 일에 대부분의 열정을 쏟는다. 장년부를 위해서는 고급 인테리어에 좋은 음향 시스템과 냉난방 등 최첨단의 좋은 시설과 각종 양육 시스템을 갖춘다.

그런데 다음 세대들을 위한 공간은 좋은 음향도, 좋은 냉난방시설도 없다. 기껏 있는 것도 머리가 돌아가다 멈추는 그리고 다시 돌아가는 중풍에 걸린 선풍기를 쓰고 있다. 마이크는 다 찌그러지고 냄새나고 소리도 삑삑거리며 먹먹한 소리를 내는 마이크가 전부다. 물론 모든 교회가 다 그렇다는 것은 아니다. 많은 교회가 그렇다는 것이다.

장년을 위해서는 외식도 뷔페로 잡는데 다음 세대를 위해서는 자장면이나 먹으라고 한다. 어른들을 위해서는 좋은 관광버스나 교회 대형버스를 이용하면서 학생들은 대중교통이나 아니면 건강하니까 두 발로 걸어가라고 한다.

아이들은 참 건강하다. 진짜 걸어간다. 순수하고 순종도 잘한다. 그래서 어린아이와 같지 않으면 천국에 절대로 들어갈 수 없다고 예수님께서 말씀하셨나 보다.

예수님은 가시는 곳마다 수많은 사람들이 따랐다. 한번은 요단강 건너편으로 가셔서 늘 하시는 대로 말씀을 가르치셨는데 사람들이 어린이들을 예수님께 데리고 와서 쓰다듬어 주시기를 바랐다.[7]

아이들을 데리고 온 사람들은 분명 부모들이었을 것이다. '예수님께 데리고 와서 쓰다듬어 주시기를 바랐다'는 것은 예수님께서 아이들의 머리에 손을 얹고 축복해 주시길 바라는 부모의 마음이

---

7) "사람들이, 어린이들을 예수께 데리고 와서, 쓰다듬어 주시기를 바랐다. 그런데 제자들이 그들을 꾸짖었다. 그러나 예수께서는 이것을 보시고 노하셔서, 제자들에게 말씀하셨다. "어린이들이 내게 오는 것을 허락하고, 막지 말아라. 하나님 나라는 이런 사람들의 것이다. 내가 진정으로 너희에게 말한다. 누구든지 어린이와 같이 하나님 나라를 받아들이지 않는 사람은 거기에 들어가지 못할 것이다." 그리고 예수께서는 어린이들을 껴안으시고, 그들에게 손을 얹어서 축복하여 주셨다." (마가복음 10:13-16)

었을 것이다.

그런데 무슨 일이 일어났는가? 갑자기 제자들이 경호원으로 나선다. 아이들을 데리고 온 부모들을 꾸짖는 것이다. 왜 그랬을까? 제자들은 왜 그 사람들을 꾸짖었을까? 나는 이 말씀을 읽을 때마다 오늘날의 교회 모습을 보게 된다.

왜 꾸짖었을까? 돈이 안 되니까! 떠들기나 하고 어지르기나 하는 어린아이들이 헌금을 하면 얼마나 하고, 헌신을 하면 얼마나 하겠는가? 교회도 기분 따라 나왔다 안 나왔다 하는데 그런 아이들에게 무엇을 기대할 수 있다는 말인가?

어른들에게 감동을 주면 감동대로 헌금을 한다. 백만 원, 천만 원도 한다. 100% 남는 장사다. 그런데 다음 세대 사역은 끊임없이 투자해야 하는 사역이다. 당장 거둬들일 수 있는 것도 아니고, 뿌렸다고 해서 반드시 거둘 수 있다는 보장도 없다. 그야말로 질풍노도疾風怒濤의 사역이다. 제자들은 현실을 본 것이다.

오늘날에도 제자들과 같은 사역자들, 어른들이 많이 있지 않을까? 그렇다. 다음 세대 사역은 한없이 쏟아 부어야 하는 사역이다. 쏟아 부어도 밑 빠진 독에 물 붓기 식의 사역이다. 지금 당장은 다 쏟아지는 것 같아도 언젠가는 자라서 많은 열매를 거둘 수 있는 콩나물시루에 물 붓는 사역이 다음 세대 사역이다. 흘러 내려도 계속 부어야 한다. 언젠가 열매를 보리라는 믿음으로 물을 부어야 할 것이다.

어릴 적 시골에 물 펌프가 있었다. 물이 필요할 때면 펌프에 물을 한 바가지를 붓는다. 그리고 열심히 펌프질을 한다. 그러면 지하수에 있던 물이 올라온다. 귀찮다고, 혹은 지금 당장 목이 말라 물을 마시고 싶다고 한 바가지 물을 붓지 않는다면 절대 지하수 물을 끌어 올릴 수 없다. 다음 세대 사역은 이와 같다. 한 바가지 물을 붓고 계속 펌프질을 하는 것이다. 때가 되어 물이 올라 올 때까지 포기하지 않고 펌프질을 하는 것이다. 나는 그래서 '오늘'은 보이지 않지만 '내일'을 바라보면서 힘겹게 펌프질을 하고 있다.

2009년 개척했을 당시의 일이다. 개척멤버라고는 아내와 7살 된 딸과 아직 태어나지 않은 뱃속에 있는 아들이 전부였기 때문에 그야말로 맨땅에 헤딩식으로 황무지에 개척을 시작한 것이다.

다음 세대를 위한 교회를 개척했으니 다음 세대를 얻기 위해 무작정 길거리로 나가 전도를 시작했다. 만나는 아이마다 "학원가 먹거리 촌에 '주님이꿈꾸신교회'가 있으니 언제든지 놀러 와라. 너희들을 위해 교회는 항상 문이 열려 있다." 하면서 교회로 초청을 했다. 길거리에서 만난 아이들은 직접 교회로 데리고 들어와서 놀게 했다.

그때부터 진짜 아이들이 교회로 놀러 오기 시작했다. 말 그대로 놀기 위해서 학교 수업이 끝나고 학원가기 전, 한두 시간 남는 시간에 교회로 왔다. 그런데 그 아이들이 그냥 놀지 않는다. 교회에 있는 책상이며 의자, 모든 물건들을 다 뒤집어 놓고 난장판을 만들면서 논다. 그것으로 끝나지 않고 사무실에 있는 나에게 찾아와서 하는 말이,

"아저씨 배고파요. 피자 사줘요. 치킨 먹고 싶어요."

그러면 나는 아이들을 전도하고 싶은 마음에 피자와 치킨을 사준다. 그러면서 나는 아이들에게 "내일도 또 교회 와라. 나는 언제든지 너희들이 오는 것을 환영한다. 맛있는 것도 많이 사줄게."

아이들은 순식간에 다 먹어 치우고 감사하다는 말도 없이 '휑' 하니 학원으로 사라진다.

그 다음 날이 되었다. 아이들이 또 교회를 찾아왔다. 이번엔 전날보다 더 많은 똘마니(?)들을 데리고 교회로 왔다. 그리고 실컷 뛰어다니면서 논다. 처음으로 교회를 방문한 초등학교 3학년쯤 되어 보이는 여학생이 사무실로 들어오더니 내 뒤통수를 때린다. 깜짝 놀라서 뒤 돌아 봤더니 나를 빤히 쳐다보고 있는 것이 아닌가?

"아저씨 돈 좀 줘요. 맛있는 거 사 먹게."

어른에 대한 예의도 없고, 자기 행동에 옳고 그름에 대한 기준도 없이 무너진 아이들의 전형적인 모습이다.

"어른의 머리를 때리면 안 되는 거야!"

내 말이 끝나자마자 죄송하다는 말도 없이 얼굴을 '휙' 돌리고 사무실을 나간다.

'이걸 쥐어 박어 말어? 도대체 부모들은 자식 교육을 어떻게 시키는 거야?'

속에서 화가 치밀어 올랐지만 꾹 참고 아이들을 지켜봤다. 한참을 놀더니 우르르 사무실로 몰려와서는

"아저씨, 배고파요. 오늘은 뭐 먹을 것 없어요? 맛있는 거 사줘요."

그러면 나는 속으로 '니들이 나한테 돈을 맡겼냐? 내가 피자집 사장이라도 되냐? 맨날 나만 보면 배고프다고 뭘 사달래?' 하고는 라면을 끓여 주던지 피자를 사주던지 자장면을 사준다. 이유는 단한 가지다. 그 아이들이 교회에 나와 예수님을 믿고 '주님이꿈꾸신교회'의 첫 열매가 되길 바라는 마음에서다.

아이들이 먹고 싶다는 것을 다 사주면 실컷 먹고 놀다가 학원으로 간다. 그렇게 매일 했다. 토요일에도 아이들은 교회를 찾아왔고 그날은 더욱 특별히 맛있는 것을 사 먹인다. 다음날 예배로 초청하고 싶어서 큰돈을 쓰는 것이다.

"얘들아, 내일은 일요일이야, 내일 특별한 일 없지? 그러면 내일은 오후 2시에 와라. 어린이 예배가 있거든. 2시에 오면 선물도

주고 친구들과 함께 즐겁게 예배도 드릴 수 있다. 내일 몇 시라고? 오후 2시야 꼭 기억해!"

"예, 내일 올게요."

큰 소리로 대답을 하고 아이들은 집으로 돌아간다.

다음날이 되었다. 오전 예배를 마치고 오후 2시 어린이 예배 시간이 되었다.

'몇 명이나 올까? 일주일 동안 맛있는 것도 사 먹이고 함께 게임도 하고 놀아줬으니 몇 명은 오겠지?'

놀라운 일이 벌어졌다. 오후 2시가 되니까 매일 찾아오던 아이들이 전부 '휴거' 되었다. 한 명도 안 나타났다.

'내 돈, 내가 어떻게 투자했는데, 나는 못 먹어도 지들 사줬는데, 나를 배신해? 나쁜 놈들!'

그렇게 아이들 없이 예배 시간이 흘러갔다. 그리고 그 다음 날, 놀라운 일이 일어났다. 아이들이 전부 '재림' 했다. 주일에 예배 나오지 않았다는 미안한 마음도 아랑곳 하지 않고 교회를 난장판을 만들어가면서 놀기 시작한다. 그리고 나에게 찾아와 "아저씨 배고파요. 먹을 것 없어요?"라고 말한다.

'이 녀석들이 사람일까, 짐승일까?' 고민이 되다가도 아이들에게 또 맛있는 것을 사준다. 한 영혼이라도 전도하고 싶어서 그렇게 1주, 2주, 한 달을 하고 나니 드디어 예배 시간에 한두 명씩 나오기 시작했다. 물론 예배에 나와서 태도가 좋은 것은 아니다. 말씀을 전하고 있으면 내 뒤로 와서 브이✓질을 한다. 찬양하고 기도하는 선생님들을 빤히 쳐다보면서 킥킥 대면서 웃는다. 그래도 주일예배에 나왔다는 것만으로도 고맙고 감사해서 나와 선생님들은 아이들에게 사랑을 쏟는다.

이 처럼 다음 세대 사역은 멀고도 힘든, 돈이 안 되는 사역이다. 언제 열매를 거둬 드릴지도 모르는 사역이다. 제자들은 이것을 알았을까? 그래서 호통을 쳤나? 오늘날도 이런 제자들이 있지 않을까? 떠드는 아이들을 보며 호통이나 치면서 그저 돈 되는 사람들에게는 열심히 투자하고 아부(?)도 아끼지 않는 그런 제자들이 한국 교회에도 많지 않을까?

아이들과 부모를 꾸짖는 제자들을 보신 예수님은 오히려 제자들에게 노하신다. 그리고 제자들에게 엄중히 경고하신다.

예수님이 하나님 나라에 들어갈 수 없다고 하시면 들어갈 수 없는 것이다. 누가 하나님 나라에 들어갈 수 있는 자들인가? 어린이들과 같이 하나님 나라를 받아들이는 자들이다. 어린아이들의 특징은 순수함이다. 절대 신뢰를 가진 사랑이다. 계산하지 않는다. 그리고 계산도 되지 않는 사람들이다. 어린아이들은 앞뒤 따지지

▲ 길거리에서 만난 첫 열매들

않고 그냥 달려 나간다. 부모들이 아이들을 데리고 와서 예수님께서 머리를 쓰다듬어 주시기를 바랐을 때 아이들은 따라 나선 것이다. 이런 믿음을 예수님은 요구하시는 것이다.

어린이들이 내게 오는 것을 허락하고 막지 말아라. 하나님 나라는 이런 사람들의 것이다. … 누구든지 어린이와 같이 하나님 나라를 받아들이지 않는 사람은 거기에 들어가지 못할 것이다 _새번역 마가복음 10:14-15

고2 나의 별명은
장 목사

고등학교 시절 연합수련회를 통해서 은혜를 받은 나는 삶의 변화가 일어나기 시작했다. 찬양하는 것이 즐겁고 기도하는 것이 즐거웠다. 무엇보다 나를 가장 행복하게 하는 것은 전도하는 시간이었다.

매일 아침, 학교에 갈 때마다 나는 전도지 한 움큼씩 쥐고 학교가는 길목에 있는 집집마다 전도지를 넣으며 기도했다.

"하나님, 이 전도지를 받아 보는 사람마다 예수님을 믿게 해주세요."

전도하며 등교하는 그 시간이 내겐 정말 행복하고 귀한 시간이었다. 만나는 사람마다 웃으면서 전도를 한다. 버스에 타면 옆 자리에 앉은 사람에게도 복음을 전한다.

"교회 다니세요? 예수님 믿으세요. 하나님이 당신을 사랑하십니다!"

말을 건네고 전도지와 함께 주보도 준다. 어떤 분들은 쳐다보지도 않고 전도지를 받아들지도 않는다. 그래도 낙심하지 않고 기회될 때마다 전도를 했다.

학교에 가서도 전도는 계속된다. 나의 전도대상자는 내 책상을 중심으로 내 짝꿍과 앞, 뒤, 옆에 있는 친구들이다.

쉬는 시간 15분은 복음을 전하기에 충분한 시간이다. 짝꿍에게 내가 만난 예수님을 전한다.

사람들에게 전도를 하다보면 교회를 다닌다고 하는 사람들이 있다. 그러면 나는 그들에게 더 자세히 물어본다.

"예수님은 누구십니까? 성령님은 어떤 분이십니까? 천국과 지옥이 있다는 것을 어떻게 믿을 수 있습니까? 마귀는 어떤 자입니까? 구원의 확신은 있습니까?"

대부분의 사람들은 나의 물음에 제대로 답변을 하지 못한다. '내가 믿는 예수님, 내가 사랑하는 예수님'을 10분 동안 나에게 소개해 달라고 하면 말하지 못하는 사람들이 대부분이다: 복음에 대한 확신이 없는 것이다.

예수님 때문에 구원을 받았고 예수님을 사랑한다고 하면서 어떻게 예수님을 소개할 수 없는가? 성령을 받았다고 하면서 성령님이 어떤 분이신지를 소개할 수 없다고 한다면 그는 성령을 받지 않았을 수도, 구원받지 않았을 수도 있다.

하나님 나라에 들어갈 소망한다고 하는 사람들이 어떻게 성경을 읽지 않고 성경을 연구하지 않는가? 내 안에 진리가 없기 때문에 신천지나 안상홍에 하나님의 교회와 같은 이단 사이비 집단이 와서 전도를 하면 미혹당하고 넘어가는 것이다. 진리에 바로 서 있지 않으니 복음에 대해서도 확신이 없고 전도할 때도 담대하지 못한 것이다. 내가 가진 진리가 유일함을 믿는다면 어느 누구 앞에서도 당당해야 한다.

체육 시간은 전도하면서 가르칠 수 있는 좋은 기회의 시간이었다. 나는 전도하고 싶은 친구에게 복음을 전하면서 한 시간 동안 운동장 땅 바닥에 나뭇가지로 글씨를 써가면서 성경을 가르쳤다. 삼위일체 하나님에 대해서, 죄와 구원에 대해서 가르친다. 시간 가는 줄 모르고 가르치다 보면 수업 끝을 알리는 종이 울린다. 토요일에는 종례를 마치고 성경에 대해 궁금해 하는 친구들을 모아 칠판에 성경구절을 써가면서 가르쳤다. 그러면 두세 시간이 금방 지나간다.

친구들이 성경에 대해 질문하면 나는 성경을 보지 않고서도 성경 구절을 줄줄 대면서 답변을 해주면 친구들은 그런 나의 모습에 놀란다. 학교에서 매일 전도를 하고 성경을 가르치고 입만 열면 성경 이야기를 하니까 친구들은 나를 '장 목사, 장 전도사'라 부르기 시작했다. 나를 놀리기 위해서 전도사라고 부르는 친구들에게도 웃으면서 예수님을 믿으라고 말한다. 내가 전하는 복음을 듣고 예수님을 믿겠다고 주께로 나오는 친구들이 많아지기 시작했다. 8명이었던 중고등부가 40명이 훌쩍 넘어섰다. 전도의 기쁨, 가르쳐 지키게 하라는 예수님의 말씀은 내 삶의 이유가 되어 열매가 맺혀가고 있었다.

입대 후에도 나는 복음을 전하고 가르치는 일을 쉬지 않았다. 선임에게도 복음을 전하다 맞기도 하면서 복음을 전했다. 복음을 전하는 순간만큼은 선임도 두렵지 않았다. 구원받을 불쌍한 영혼으로 보였고 그렇게 전도해서 교회로 데리고 갔다.

지금은 진짜 목사가 되어 여전히 학생들을 가르치고 있다. 때론 학교에서, 가정을 방문을 통해서, 카페에서 가르친다. 가르치는 시간이 행복하다. '가르쳐 지키게 하라'는 예수님의 말씀을 실천할 수 있는 현장이기 때문이다.

고1 때 은혜를 받고 성경을 배우고 싶어서 어른들이 참여하는 제자훈련 성경공부반에 들어가서 배웠다. 하나님을 알고 싶어서, 예수님을 알고 싶어서, 성령님과 더 친밀해 지고 싶어서 성경을 연구하며 배웠다.

목사는 본이 되어 가르치는 자고, 교사는 양들을 가르쳐 지키게 하는 자며, 성도는 믿지 않는 이들에게 덕을 끼치며 삶으로 가르치는 자다. 그리스도인은 평생 가르침을 받고 가르치는 자들이다.

지금도 가르치기 위해서 끊임없이 공부한다.

성경공부를 처음 시작했을 때 지도해 주셨던 목사님은 학생들에게 이런 말씀을 하셨다.

"모르면 물어서, 물어서 배워서, 배워서 알아서, 알아서 깨달으면 능력이다!"

누가 주님의 마음을 알았습니까? 누가 그분을 가르치겠습니까? 그러나 우리는 그리스도의 마음을 가지고 있습니다. _새번역 고린도전서 2:16

3.

폐결핵 3기를 고치신
하나님

은혜 받고 열심히 신앙생활을 하니 목사님께서 어느 날 한 분을 소개시켜 주셨다. 폐결핵 3기로 죽을 날을 기다리며 병원에서 투병생활을 하고 있다며 내게 주소를 알려 주셨다. 나는 얼굴도 모르고 한 번도 만나 본 적이 없는 김영미라는 누님에게 편지를 썼다.

"안녕하세요. 저는 이리고등학교에 다니는 1학년 장용성이라고 합니다. 목사님께로부터 누나의 이야기를 들었습니다. 저는 예수님을 믿고 있습니다. 모태신앙으로 자랐지만 얼마 전에 살아계신 예수님을 만나게 되었습니다. 저도 중3 때 관절염으로 고통을 당하다가 하나님께서 치료해 주셔서 병이 나았습니다. 누나도 제가 만난 예수님을 만났으면 좋겠습니다. 하나님은 누나를 사랑하십니다. 누나를 위해 예수님을 이 땅에 보내주셨고 예수님은 누님의 죄와 저주와 질병을 위해 십자가에서 피 흘려 죽으시고 부활하셨습니다. 그 예수님만 믿는다면 누나도 폐결핵에서 나음을 입을 수 있습니다. 예수님 믿으세요. 제가 기도하겠습니다."

한 달 뒤, 답장이 왔다.

"반가워요. 용성 씨. 하루하루 힘든 시간을 보내고 있는데 뜻밖의 편지를 받으니 위로가 되네요. 저는 교회를 다니고 있지 않습니다. 그래도 좋은 말로 편지 써 주셔서 고마워요."

큰 글씨로 대여섯 줄 써서 답장이 온 것이다. 얼마나 반갑던지 난 그 즉시 다시 답장을 썼다. 이번엔 좀 더 길게 복음 편지를 썼다.

"누나, 예수님은 살아 계셔요. 어제나 오늘이나 영원토록 동일하셔요. 예수님은 누나의 질병 때문에 채찍에 맞으셨어요. 예수님께서 십자가에 달리신 것은 누나의 병을 고쳐 주시기 위해서죠. 예수님을 믿기만 하면 죽을병에서도 살아날 수 있어요. 죽은 자도 살리신 예수님께서 살아 있는 누나를 못 고치시겠어요? 예수님은 앉은뱅이도 일으켜 주셨고, 눈먼 자의 눈도 뜨게 해 주셨고, 말 못하는 사람도 고쳐 주셨어요. 예수님은 살아 계셔요. 내가 믿는 예수님을 꼭 믿으셨으면 좋겠어요. 예수님은 누나를 사랑하시거든요. 누나를 위해 계속 기도할게요."

다섯 장 분량의 복음 편지를 쓰는 내내 가슴이 뛰었다. 비록 편지이지만 복음을 전할 수 있다는 기쁨과 언젠가 마음 문을 열고 복음을 받아들일 것을 생각하니 행복했다. 편지 보내고 두 달 정도 지났을까? 답장이 또 왔다.

"형제님 고마워요. 하나님이 제게 귀한 동생을 보내 주신 것 같아요. 정말 하나님은 살아계신가요? 죄 많은 저도 하나님께서 용서해 주시고 병도 고쳐 주실까요? 형제님이 믿는 하나님을 나도 믿을 수 있었으면 좋겠네요. 하나님의 사랑이 어떠한지를 조금씩 알 것 같아요. 기회가 된다면 형제님이 다니는 교회도 한번 가보고 싶네요. 기도해 주셔서 감사해요."

드디어 한 장을 넘긴 편지가 도착했다. 마음이 조금씩 열리고 있음을 알 수 있었다. 하나님에 대한 관심을 갖기 시작한 것이다. 이번엔 여섯 장이 넘는 편지를 썼다. 내가 만난 예수님에 대해서 또 예수님은 어떤 분이신지, 성령님은 어떤 분이신지, 어떻게 하면 구원을 받고 하나님의 자녀가 될 수 있는지 자세히 썼다. 마음의 문이 열릴 수 있도록 인도하신 하나님께 감사했다. 한 달 뒤 답장이 왔다.

"이번 주엔 병원에 있는 교회를 다녀왔어요. 찬양을 듣는데 얼마나 눈물이 나던지, 말씀도 꼭 저에게 하시는 말씀으로 들렸어요. 형제님이 아니었다면 저는 예수님을 알지 못했을 거예요. 이젠 예수님을 믿어요. 하나님이 저를 얼마나 사랑하시는지 이제 알았어요. 언젠가 하나님께서 저의 병도 고쳐 주시겠죠? 빨리 퇴원해서 형제님이 사는 곳도 가보고 싶고 교회도 가서 함께 예배도 드리고 싶어요. 그날이 올 수 있기를 기대해 봐요. 감사해요."

편지를 주고받은 지 6개월 만에 예수님을 믿게 되었고 교회를 갔다는 편지를 받았다. 나를 통해 한 영혼이 구원받아 하나님의 자녀가 되었다는 것이 얼마나 행복하고 감사하던지, 떨리는 마음으로 감사의 편지를 써서 보냈다.

한 달이 지나고 두 달이 지났다. 아무런 소식이 없었다. 그 후로도 한두 번 편지를 더 썼지만 답장은 오지 않았다.

그리고 1년 정도 지났을까? 누님의 소식을 듣게 되었다. 1년 전에 병원에서 퇴원했다는 것이다.

"용성아, 남원 병원에 입원해 있던 영미 퇴원했다."
"폐결핵이 다 나아서 퇴원하고 결혼까지 했단다. 너에게 연락해주지 못해서 미안하다고 하더라."

폐결핵이 나아 결혼까지 했다는 소식을 듣고 치료해 주신 하나님께 감사했다. 비록 한 번도 얼굴을 본 적은 없었지만 편지로나마 복음을 전하면서 믿음으로 기도했더니 하나님께서 응답해 주신 것이다.

바울은 감옥에 갇혔을 때 편지로 감옥 밖의 성도들을 격려하며 복음을 전했다. 바울이 직접 갈 수 없었을 때는 바울의 손수건을 병든 자에게 얹었을 때 병이 치유되는 일들도 일어났다. 비록 바울의 몸은 감옥에 갇혔지만 그의 복음의 열정만큼은 가둬 둘 수 없었던 것이다.

믿음의 기도는 병든 자를 일으킨다.

믿음의 선포는 흑암의 세력을 무력화시킨다.

믿음의 순종은 기적을 일으킨다.

지금도 병든 자들을 위해 기도한다. 그들에게 편지나 SNS를 이용해 복음을 전하고 치유기도를 해 준다. 기적은 오늘도 일어난다. 고등학교 1학년 어린 학생의 기도에 응답하신 하나님은 지금도 내 기도에 응답하고 계시는 흔적이다.

믿음으로 간절히 드리는 기도는 병든 사람을 낫게 할 것이니, 주님께서 그를 일으켜 주실 것입니다. 또 그가 죄를 지은 것이 있으면, 용서를 받을 것입니다.

_새번역 야고보서 5:15

4.

개그맨을 웃기는
목사

2007년 2월 CGN TV 기독교방송의 '이홍렬의 톡 쏘는 남자들'
이란 프로그램에 게스트 출연 제의를 받았다. 다음 세대를 살려야
한다는 기획 프로그램이었다.

TV 방송 녹화하는 날, 설레이기도 하고 긴장이 되었다. 방송국
에 도착하자 분장실에서 메이크업을 해주는데 영화 속의 주인공
이 된 듯한 기분이 심장을 뛰게 했다.

그때 개그맨 뻥코 이홍렬 씨가 들어오는 것이 아닌가!

작가가 나를 소개시켜 준다.

"이번 게스트로 출연하실 유스비전 미니스트리 장용성 목사님
이십니다."

"반갑습니다. 목사님, 오늘 잘 부탁드립니다."
"제가 더 잘 부탁드립니다."

'내 앞에 TV에서만 보던 개그맨이 있다니, 그것도 내가 주인공
이 되어 방송을 녹화하기 위해서 말이야.'

녹화가 들어가기 전부터 나는 심쿵(심장이 쿵)했지만 프로는 어
떤 상황 속에서도 절대 당황하지 않는 것처럼 방송녹화가 처음이
아닌 듯 애써 태연한 척했다.

대본 리딩 후 작가는 실수해도 카메라 컷 없이 그냥 계속 녹화
간다며 편안하게 이야기하면 된다고 말하곤 녹화 준비를 시켰다.

녹화 1분 전, 그야말로 '심쿵심쿵' 머릿속은 이미 백지가 되었
다. 그렇잖아도 사람들 앞에 서면 무슨 말을 해야 하나 항상 고민
인 나인데…

'과연 실수하지 않고 녹화는 잘 할 수 있을까? 주여!'

긴장이 되는 그 순간 시작을 알리는 시그널이 흘러 나왔다.

"안녕하세요. 톡 쏘는 남자들의 이홍렬입니다."
"안녕하세요. 이은호 목사입니다."

프로그램 진행자인 이홍렬 씨와 이은호 목사님의 멘트가 시작
되었고 방청객들은 진행자들의 주고받는 이야기에 웃으면서 즐거
워하고 있었다. 이어서 출연자를 소개하는 영상을 보여 주고 영상

이 끝나자 이홍렬 씨가 게스트를 소개했다.

"요즘 애들하고 놀아주기에 바쁘신 오늘의 주인공 장용성 목사님을 모시겠습니다."

방청객들의 우뢰와 같은 물개 박수소리가 들려왔다.
'무슨 말을 어떻게 하지? 주여, 내 입술에 지혜와 능력을 주시옵소서.'
짧은 거리였지만 기도하면서 무대로 성큼성큼 걸어 들어갔다.

"애들하고 놀아주기 바쁘신 목사님이신데 여기까지 나와 주셨습니다."
"예, 바쁜데 나왔습니다."
"하하하"

그런데 갑자기 이홍렬 씨가 대본에도 없던 질문을 하는 것이 아닌가!

"요즘 청소년들의 평균 신장으로선 제가 몇 학년 정도 됩니까?"

갑작스런 질문에 잠깐 당황이 되어 '아니 그건 대본에도 없잖아? 왜 그런 질문을 갑자기 하고 그러는 거야?' 속으로 생각했지

▲ 이홍렬의 톡쏘는 남자들 녹화 중

만 바로 대답해야 하는 상황이었기 때문에 나는 웃으면서 침착하
게 대답했다.

"가늠하기가 좀 어렵지만 제가 볼 땐 중학교 4학년?"

그러자 사회자들과 방청객들이 크게 웃는 것이 아닌가? 그러더
니 옆에 있던 이은호 목사님이 다시 묻는다.

"그럼 몸무게로 볼 땐 저는 몇 학년이나 됩니까?"

'오늘 이 사람들이 나한테 왜 이래?'
이홍렬 씨는 키가 작고 이은호 목사님은 약간 뚱뚱했다. 나는

0.1초 만에 대답했다.

"특수반입니다."

방송국은 그 순간 웃음으로 초토화가 되고 나는 개그맨을 통쾌하게 웃기는 목사라는 타이틀을 얻게 되었다.

"와우, 오랜만에 강적을 만났네요. 자리를 옮겨서 이야기를 나눠 보도록 하겠습니다."

한 시간 녹화 내내 웃음과 감동을 나누는 시간이었다. 녹화가 끝나고 이홍렬 씨는 내 손을 잡더니 내게 이런 부탁을 한다.

"목사님, 기도해 주세요. 오늘 정말 귀한 시간이었습니다. 은혜 받았습니다."

나는 타고난 말 재주꾼이 아니다. 웃기는 사람도 아니다. 설교를 잘하는 것도 아니고 언어의 능력을 가진 사람도 아니다. 성품적으론 내성적으로 태어났다. 그런데 하나님이 성도들을 웃기게 하신다. 그런 나를 보면서 나도 웃는다. 사람들이 나를 통해서 울고 웃을 때가 가장 행복한 순간이다.

"나는 하나님을 위해서 개그맨이 되었습니다."

한 영혼을 구원하기 위해 나는 스스로 개그맨처럼 되기로 했다. 한 영혼의 마음을 열기 위하여 나를 없애고 더 많이 망가진다. 술에 취해 사는 인생들을 위해 떡실신 연기도 하고, 술 대신 물을 마시면서 입에 있던 물을 회중들에게 뿜어 대기도 한다.

"이것은 새로 나온 제주삼다술, 먹는 샘술입니다."

설교하면서 회중들과 함께 즐긴다. 어린아이부터 어른까지 모두가 즐거워한다. '싸이가 공연하면서 관중들에게 물을 뿌리는데 나라고 못할 것이 무엇이 있나?' 싸이에게서 회중과 소통하는 법을 배웠다.

성도들을 행복하게 해주는 리더가 되고 싶어서 개그 욕심을 부려 본다. 물론 우리 교회 성도들은 노잼(재미 없음)이라며 혀를 차면서도 어이없는 웃음을 준다. 그래도 나는 포기하지 않고 개콘, 웃찾사, 코빅 등 재밌다고 하는 프로그램을 찾아보면서 흉내를 낸다. 미리 연습도 한다.

구원받을 영혼들을 위해서라면 이 한 몸 망가지더라도 하나님 나라의 개그맨이 되게 했다. 물론 지금도 사람들을 웃기는 것은 여전히 어색하다. 어느 날은 청년 교사 한 명이 내게 이런 말을 한다.

"목사님! 꼭 그렇게까지 해야 해요? 보는 제가 민망해요."

"선생님은 민망할지 몰라도 아이들은 좋아합니다. 아이들이 행복해질 때까지 전 계속할 것입니다."

대한민국 모든 국민이 웃는 그날까지!

대한민국 모든 성도들이 행복하게 웃는 그날까지!

5.

대한민국의
새 역사를 쓰는
사람들

2003년 11월, 광명의 한 작은 교회의 전도사로 사역지를 옮겨 12명이 전부인 청소년부와 청년부를 맡았다. 대부분 교회 집사님 아이들이었다.

집사님 자녀들의 특징은 모태신앙이다. 못하는 것들이 많은 신앙이 못해(모태)신앙이다. 그중 제일 못하는 것이 전도. 성가대로, 찬양단으로 열심히 교회에서 봉사는 하는데 정작 해야 할 전도는 하지 못한다.

부임해서 아이들에게 첫 번째로 예수님이 누구신지, 성령님이 어떤 분이신지, 영적세계는 어떤 것들이 있는지, 예배가 무엇인지, 찬양은 어떻게 하고 기도는 어떻게 해야 하는지를 가르쳤다.

그렇게 2년을 가르쳤더니 전도를 시작했고 12명에서 40여 명이
모이는 예배 공동체가 되었다. 절대 배가 부흥이 일어난 것이다.
방학이 되면 외부 기관에서 하는 연합캠프에 데리고 가기도 하고
자체캠프를 하기도 했다.

연합캠프는 진행팀에서 준비한 프로그램대로 따라가면 된다는
장점과 여러 강사의 설교를 들을 수 있다는 장점이 있다. 그러나 작
은 교회는 소외될 수 있는 단점도 있다. 자체캠프는 프로그램을 다
준비해야 한다는 번거로움은 있지만 우리 교회만의 색깔을 가지고
가족공동체를 경험할 수 있다는 장점이 있어 해마다 캠프를 어떻
게 해야 할지, 사역자라면 고민을 가지게 된다.

2006년 1월이 되었다. 겨울캠프를 계획하는데 마땅히 갈만한
곳을 찾지 못했고 자체프로그램을 하자니 준비할 시간이 없어 고

민하는 가운데 지방에서 하는 연합캠프를 찾아보게 되었지만 마음이 썩 들어오지 않았다.

오전 오후는 다 노는 프로그램이고 저녁에는 반짝 콘서트와 집회가 전부였다. 강사는 많은데 한 분을 제외하고는 내키지도 않았다. 그래도 1차적으로 그 캠프에 가기로 마음을 먹고 2차 준비를 하는데 회비와 차량비와 기타 경비를 계산해 보니 상당히 많은 액수가 필요했다.

1인 회비가 5만 원인데 40명이면 200만 원이었다. 차량비(관광버스)를 계산 했더니 80만 원이 나왔다. 한 학기 헌금을 안 쓰고 70만 원을 모았는데 차량비로 80만 원이 들어간다고 생각하니 너무 아까웠다. 거기에 간식비까지 생각하면 캠프를 다녀오는데 300만 원 이상 들어가는 것이 아닌가? '아이들의 피 같은 헌금으로 100 퍼센트 맘에도 들지 않는 캠프에 보내는 것이 과연 옳은 일일까?' 를 생각하다 갑자기 '이 돈이면 내가 우리 학생들 데리고 캠프를 주최하고 말겠다.'하는 생각이 들었다.

내가 너로 큰 민족이 되게 하고, 너에게 복을 주어서, 네가 크게 이름을 떨치게 하겠다. 너는 복의 근원이 될 것이다. _새번역 창세기12:2

그때 나에게 복을 주어서 나의 이름을 크게 떨치게 하시겠다는 말씀을 주셨다. 비록 지금은 작은 교회, 무명한 자, 연약한 청소년들이지만 이들을 통해서 큰일을 행하시겠다는 하나님의 약속이었다.

그 시로 나는 바로 프로그램을 계획했고 밤새 홈페이지와 홍보 영상을 만들었다. 그리고 다음날 담임목사님을 찾아뵙고 연합캠프에 관한 의논을 드렸다.

"좋은 계획이다. 우리 교회가 이런 캠프를 꼭 해야 한다. 잘 준비해서 진행해 보도록 해. 대신 재정지원은 교회에선 할 수 없고 부족한 것은 장 전도사가 책임져."

"예, 알겠습니다."

담임목사님의 허락이 떨어졌다. 비록 재정은 내가 책임져야 하는 상황이 되었지만 그것만으로도 감사했다. 학생들과 함께 꿈을 실현할 수 있는 기회가 온 것이다. 이제 준비하고 시작하면 되는 것이었다. 그런데 문제는 '언제 하느냐?'이다.

연합캠프를 해야겠다는 감동과 확신을 얻은 날이 2006년 1월 11일 수요일 저녁이었고 허락을 받은 날이 1월 12일 목요일이었다. 이미 캠프가 한창 진행될 때였고 1월에 준비해서 하는 것은 불가능했다. 그래서 2월 봄방학 기간을 이용해서 캠프를 해야겠다는 생각이 들었다. 그때만 해도 봄방학 캠프를 하는 곳이 없었다. 봄방학 기간에 은혜를 받고 개학을 해서 학교에 들어가 전도자의 삶을 살아가게 하는 것도 좋겠다는 생각에 2월 23일부터 25일로 캠프 기간을 잡았다.

문제는 강사였다. 누굴 강사로 세울 것인가? 물론 주 강사는 내가 해야겠다고 생각했지만 누가 '장용성'이란 사람을 알겠는가? 그것도 전도사가 주 강사인 캠프에 어느 누가 보내겠는가? 아직까지 한국 사회는 전도사라는 직함으로 집회를 인도한다고 하면 약간 우습게 여기는 경향이 있다. 무명한 전도사, 무명한 작은 교회, 무명한 찬양팀이 주관하는 캠프, 그때 하나님은 지혜를 주셨다.

"용성아, 유명한 자가 되길 원하느냐? 그러면 유명한 자를 불러 쓰면 무명한 자도 유명해질 수 있다. 내가 너와 너희들을 유명하게 만들어 주겠다."

맞다. 하나님이 하시면 다 된다. 하나님이 주신 지혜로 당시 청소년 사역으로 가장 유명하게 사역하고 계셨던 선교사님께 캠프에 오셔서 한 시간 특강을 요청을 했다. 그리고 '그리스도의 계절'이란 곡으로 잘 알려진 CCM사역자 지영 자매를 섭외했다. 강사 섭외, 포스터 제작 끝!

"노는 캠프가 아닌 살아계신 하나님을 만날 수 있는 절호의 기회!
다음 세대를 살릴 수 있는 캠프!
말씀과 찬양과 기도가 살아 있는 캠프!
예수혁명 유스캠프 치유수양회로 여러분을 초청합니다."

강사: 장용성 전도사 외

찬양: 듀나미스찬양단, 지영(그리스도의 계절)

일정: 2006. 2. 23.(목) – 25(토) 2박 3일

대상: 청소년, 청년, 교사, 사역자, 학부모 선착순 300명

회비: 4만 원

장소: 강화 성광수양관

주최: 예수혁명 유스캠프 청소년사역팀

비용이 많이 들어 직접 포스터를 제작해 A4용지에 칼라 프린트를 했다. 그리고 건강한 교회와 다음 세대 사역에 관심이 있을 법한 교회 200개 교회를 찾아내 무작위로 우편발송을 했다.

정말 말도 안 되는 캠프준비였다. 한창 캠프가 진행되고 있는 기간에 봄방학을 이용해 캠프를 하니 보내달라고 홍보를 하면 누가 보내줄 것인가? 그래서 주최를 '예수혁명 유스캠프'라는 임의 단체명을 만들었다. 내가 할 일은 기도하는 것뿐이었다.

청소년예배가 있는 토요일이 되었다.

"여러분, 이번 겨울캠프는 우리가 주최가 되어 연합캠프를 하게 될 것입니다. 여러분이 주인공입니다. 하나님께서 무명한 나와 여러분을 유명하게 만들어 주시겠다고 말씀하셨습니다. 하나님의 말씀을 믿고 순종하며 철저히 준비하면 하나님께서 일하실 것입니다. 우리에게 필요한 것은 믿음과 충성과 기도와 헌신입니다. 이제부터 시작입니다."

▲ 1차 유스비전캠프

학생들은 놀라 흥분하기 시작했다.

그다음 주부터 교사들과 학생들은 매일 한 시간씩 기도를 했다. 기도만이 능력이다. 기도 외에는 답이 없다. 기도는 하나님의 인도를 받는 내비게이션이다.

캠프를 진행하는 데는 여러 사역팀이 필요하다.

1) 찬양팀 : 집회기간 열정의 찬양으로 회중들과 함께 예배한다. (악기, 보컬, 워십)

2) 행정팀 : 캠프 전 후 행정에 관한 모든 것을 담당한다. (등록, 오리엔테이션, 의무, 행정, 간식, 숙소)

3)환영팀 : 캠프에 오는 지체들을 예수님의 마음과 최고의 미

소로 환영한다. (환영, 명찰검사)

4)영상팀 : 진행되는 모든 순간을 사진과 동영상으로 촬영하고 매 시간마다 스케치영상을 제작하여 감동을 나눈다. (사진촬영, 방송카메라, 자막)

5) 진행팀 : 참석자들이 불편하지 않도록 친절하게 섬긴다. (주차, 안내, 청소, 순찰, 식사)

6) 홍보팀 : 유스비전캠프를 돈 안 들이고 적극 알린다. (SNS홍보, 온오프라인홍보)

7) 음향/조명팀 : 음향과 조명은 집회를 효과적으로 끌어 올리는데 중요한 사역이기에 최고의 시스템으로 집회를 섬긴다. (음향과 조명)

8) 디자인팀 : 유스비전스타일의 역동적인 디자인을 창조한다. (포스터, 팜플렛, 홈페이지)

9) 데코팀 : 캠프의 분위기를 빛내기 위한 데코레이션은 주제에 맞게 준비한다.

10) 중보기도팀 : 유스비전캠프는 기도가 아니고선 할 수 없는 사역이기에 스텝 모두가 50일 릴레이 금식기도로 준비한다.

당시 40여 명의 청소년과 청년들 모두가 스텝이 되어 캠프를 섬기게 하였다. 모든 성도가 사역자, 주인공이 되는 것이다. 한 명도 소외되지 않게 참여시키고 각자 맡은 사역의 중요성을 인식하게 했다.

6.

50일 작정
릴레이 금식기도

캠프까지 40일이 남은 상황이라 토요예배를 통해서 학생들에게 캠프를 선포하고 우리가 할 일은 기도임을 알렸다.

"우리에겐 기도라는 특권이 있습니다. 하나님 자녀만이 기도할 수 있습니다. 아버지는 자녀의 기도를 들어주실 수밖에 없습니다. 하나님의 나라와 뜻을 구할 때, 하나님은 하나님의 방법대로, 하나님의 시간에 정확하게 응답하십니다. 다윗의 기도, 모세, 엘리야, 히스기야, 예수님의 기도를 생각하면서 믿음으로 기도합시다. 기도하여 하늘 보좌의 능력을 끌어 내립시다. 기도하는 자는 하나님의 일을 돕는 자이지만 기도하지 않는 자는 하나님의 일을 방해하는 자입니다. 동역자가 될 것이냐, 방해자가 될 것이냐, 결단 하십시오. 여러분의 섬김이 한국 교회를 살립니다. 죽어가는 한 영혼을 살립니다. 여러분을 통해 참석자들은 살아계신 하나님을 느끼게 될 것입니다. 그러니 목이 터져라 찬양하고 손가락이 부러져라 연주하고 무릎이 나갈 정도로 예배하세요. 죽으면 죽으리라 목숨 걸면 하나님께서 살리십니다."

40여 명의 학생들은 40일간 눈물로 릴레이 금식 기도를 하면서 캠프와 한국 교회 영혼을 사모하기 시작했다. 그들에게 사명이 생긴 것이다. '일거리', '기도거리'가 생긴 것이다. 한국 교회 다음 세대를 살려내야만 한다는 사명감에 불타오른 것이다.

내가 기뻐하는 금식은, 부당한 결박을 풀어 주는 것, 멍에의 줄을 끌러 주는 것, 압제받는 사람을 놓아 주는 것, 모든 멍에를 꺾어 버리는 것, 바로 이런 것들이 아니냐? _새번역 이사야 58:6

무명한 사람들이 준비하는 캠프, 봄방학 기간 2월 끝날의 캠프, 강화도 끝 산속 깊은 곳에 있는 기도원, 개인 숙소가 아닌 20인 이상 함께 써야 하는 단체숙소. 시작부터 안 되는 게임에 한수를 던진 것이다. 그러니 기도하지 않으면 안 되는 것이었다. 하나님께서 도와주시지 않으면 절대로 할 수 없는 것을 시작한 것이다. 인맥이 있는 것도 아니고 아는 교회가 있어서 협력을 받는 것도 아니고 오직 우리의 인맥은 하나님 한 분뿐이었다. 우리가 붙잡을 것은 사람이 아닌 기도줄이었다. 혹여 적자라도 나면 나머지 뒷감당은 전부 내 몫이었으니 나 또한 기도할 수밖에 없었다.

"하나님, 다윗과 골리앗과의 싸움입니다. 앞에는 견고한 여리고성이 있습니다. 건너야 할 수많은 홍해바다가 있습니다. 보이는 것, 잡히는 것은 아무것도 없습니다. 그래도 하나님께서 감동 주셨으니 믿음으로 저지릅니다. 이번 캠프가 잘못되면 학생들에게 무슨 말을 합니까? '우리 하나님이 하라고 해서 한다'고 했는데, '기도하면 하나님께서 다 들어주신다'고 했는데 안 되면 '나' 망신, '하나님' 망신입니다. 그러니 기적을 보여 주시옵소서."

하나님은 나와 학생들의 기도를 들어주셨다. 캠프 등록 문의 전화가 오기 시작했다. 그런데 문제는 유스캠프가 어느 단체가 주최하는 캠프이고 강사이신 장용성 전도사님은 어떤 분이냐는 질문이 쇄도했다.

"유스캠프는 다음 세대를 살리는 전문 사역단체입니다. 말씀과 찬양과 기도로 진행되며 성령님의 강력한 기름 부으심을 경험할 수 있는 캠프입니다. 장용성 전도사님은 찬양과 말씀에 능력이 있는 청소년사역 전문사역자이십니다."
"아하~ 그래요? 처음 들어보는 분이시라."

청소년, 청년들은 대부분 중고등학생과 대학생이었기 때문에 등록전화를 내가 받고 있었다. 그런데 '장용성 전도사님은 어떤 분이세요?'라고 묻는 것이었다. 물론 그들은 강사가 등록 전화를 받고 있을 거라고는 생각하지 못했을 것이다.

내가 나를 소개한다는 것이 얼마나 부끄럽고 어색한 일인지, 그것도 내성적인 내가 나를 자랑스럽게 포장(?)해서 소개하고 있었다. 그렇게 한 교회가 등록을 했다. 천군만마千軍萬馬를 얻은 기분이었다. 작은 교회를 살리겠다고 시작한 캠프인데 작은 교회가 등록하기 시작한 것이다.

학생들은 이미 통성기도로 목이 쉬었고 찬양연습에 목이 쉬었고 금식기도로 배가 쉬었다. 드디어 캠프 하루 전날이 되었고 준비한 모든 것들을 가지고 수양관으로 이동했다.

수양관에 도착한 아이들은 음향과 조명, 데코레이션과 행정사항들을 점검하며 셋팅을 했다. 밤이 맞도록 찬양팀은 리허설을 마치고 드디어 캠프 당일 아침이 되었다.

2006년 2월 23일 목요일 아침 8시.

모든 스텝이 본당에 모였다.

"드디어 결전의 날입니다. 캠프는 '살리느냐, 죽이느냐' 생명이 달린 것이기에 정신 차리지 않으면 이 영적 전쟁은 지고 말 것입니다. 모두가 한마음이 되어 마치는 시간까지 깨어 있어야 합니다. 이 캠프는 여러분이 주인공이 되는 캠프입니다. 기도의 열매를 보는 캠프입니다. '우리는 프로'라는 생각을 가지고 최선을 다해 섬깁시다. 이제 시작하면 눈 깜짝할 사이에 2박 3일이 지나갈 것이고, '벌써 끝났네?' 할 것입니다. 이제 기도하고 각자 맡은 사역으로 흩어집시다. 화이팅!"

9시가 되어 각자 맡은 사역팀은 전국에서 모여들 하나님 나라 가족들을 설레이는 마음으로 기다렸다. 첫 교회가 기도원으로 들어오는 순간 우렁찬 함성 소리가 들렸다.

"어서 오세요. 환영합니다. 예수혁명 유스캠프입니다. 만나서 반갑습니다. 은혜 많이 받으세요"

뒤를 이어 하나 둘 교회 차량이 들어오고 있었다. 전 스텝들은 분주해지기 시작했다. 그리고 오후 2시 정각 듀나미스 찬양팀의 찬양으로 예배가 시작되었다. 그렇게 뜨겁게 시작한 캠프는 시간 가는 줄 모르고 2박 3일이 지나가 버렸다.

캠프를 마치고 돌아가는 사람들의 표정에는 기쁨의 웃음이 가득했고, 쉰 목소리로 받은 은혜를 나누는 인터뷰에도 2박 3일간 하나님께서 어떻게 그들을 만져 주셨는지를 느낄 수 있었다.

"그동안 우리가 찾던 캠프입니다. 말씀, 찬양, 기도만 있는데도 이렇게 즐거울 수가 없었습니다. 시간가는 줄 몰랐습니다. 여름에

▲ 제1차 겨울 유스비전캠프 강화 성광수양관

도 또 해 주세요. 꼭 올 것입니다. 우리 아이들에게 '어떻게 하면 성
령체험을 경험케 해 줄 수 있을까?' 고민했는데 이번 캠프에 와서
모든 것이 해결 되었습니다. 강사님들과 모든 스텝들에게 감사를 드
립니다."

  하나님은 그렇게 모든 이들을 만져 주시고 회복시켜 주셨다. 처
음엔 불가능할 것 같았던 조건과 상황, 그러나 하나님은 정확하게
응답해 주셨다. 작은 교회 40여 명의 학생들이 준비한 캠프가 전
국에서 22개 교회, 240여 명이 모여 열정의 예배를 드릴 수 있었다.

'누가 올까? 과연 몇 명이나 모일까?'

우리 생각으론 답이 나오질 않았지만 무한하신 하나님의 능력은 모든 것을 이루셨다. 그리고 나를 부끄럽게 하지 않으시고 우리 학생들의 믿음의 기도를 부끄럽게 하지 않으셨다. 무명한 우리를 유명하게 만들어 주셨다.

그다음 여름 캠프엔 420명, 그다음 해엔 520명, 600명, 700명, 870명….

지금은 '주님이꿈꾸신교회' 성도들과 함께 그 사명을 계속 감당하고 있다.

형제자매 여러분, 여러분이 부르심을 받을 때에, 그 처지가 어떠하였는지 생각하여 보십시오. 육신의 기준으로 보아서, 지혜 있는 사람이 많지 않고, 권력 있는 사람이 많지 않고, 가문이 훌륭한 사람이 많지 않았습니다. 그런데 하나님께서는, 지혜 있는 자들을 부끄럽게 하시려고 세상의 어리석은 것들을 택하셨으며, 강한 것들을 부끄럽게 하시려고 세상의 약한 것들을 택하셨습니다. 하나님께서는 세상에서 비천한 것들과 멸시받는 것들을 택하셨으니 곧 잘났다고 하는 것들을 없애시려고 아무것도 아닌 것들을 택하셨습니다. 이리하여 아무도 하나님 앞에서는 자랑하지 못하게 하시려는 것입니다. _새번역 고린도전서 1:26-29

7.

화상 입은 동생을
기도로 치료한
12세 어린이

12살 소연이가 내게 달려왔다.

"목사님, 드릴 말씀이 있어요. 지난주에 엄청난 일이 있었어요."
"무슨 일인데?"
"하나님이 제 기도를 들어 주셨어요. 정말 하나님 말씀이 살아 있어요."
"자세히 말해 봐. 무슨 일이 있었던 거야?"
"있잖아요?!"

매주 어린이 예배 설교를 할 때, 거의 대부분 1시간 이상 말씀을 전한다. 복음을 아주 쉽게, 현실적으로 전달했다. 성경의 이야기는 과거의 이야기가 아닌 지금도 믿는 자들 가운데서 동일하게 일어난다는 것을 전한다.

한번은 예수님께서 병든 자들을 치유하시는 내용의 말씀을 전했다. 예수님께서 죽은 자를 살리시고, 앉은뱅이를 일으키시고, 눈먼 자의 눈을 뜨게 하셨는데 예수님을 믿는 자는 예수님이 하셨던 일을 할 수 있고 예수님 보다 더 큰 일도 할 수 있다는 말씀을 나눴다. 어린이들도 할 수 있다는 말씀에 감동했다.

그날 말씀을 들었던 소연이와 수연이가 예배 끝나고 집에 가는 길에 어묵을 먹으려고 분식집에 들렀다. 그날은 추운 겨울이었다. 어묵을 하나씩 시켜 먹으면서 초등학교 5학년이었던 소연이는 3학년 동생 수연이에게 어묵 국물을 주려고 국물 통에서 한 국자 가득 떴다. 그리고 동생은 언니가 주는 국물을 받으려고 종이컵을 들었는데 소연이가 국물을 종이컵에 붓는 순간 실수로 수연이의 손등에 부어 버린 것이다. 수연이는 컵을 내동댕이치며 이미 빨갛게 수포가 올라온 손등을 잡고 자지러지게 울었다.

"수연아, 괜찮아? 미안해 언니가 실수했어. 언니가 기도해 줄게. 오늘 목사님이 병든 자들에게 예수님의 이름으로 손을 얹으면 낫는다고 하신 말씀, 언니는 믿어. 너도 믿지? 언니가 기도해 줄게 울지 마."

"하나님, 제 실수로 동생의 손에 뜨거운 국물을 쏟았어요. 예수님께서 치료해 주세요. 화상 입지 않게 해 주세요. 어린아이의 믿음의 기도도 들어주신다고 하셨죠? 제발, 기도를 들어 주세요. 동생 안 아프게 해주세요. 예수님의 이름으로 기도드립니다."

"아멘."

동생은 울음을 그치고 언니의 기도에 '아멘'하면서 마음을 진정시켰다. 그리고 언니와 함께 집으로 돌아왔다. 집에는 할머니가 계셨다. 수연이는 방금 전에 있었던 상황을 할머니에게 말하자 할머니는 놀라시며 언니를 다그치면서 혼냈다.

"동생이 화상을 입었으면 얼른 병원으로 데리고 가야지 기도했다고 그냥 집으로 데리고 오면 어떻게 하는 거야?"

"할머니, 내가 기도해 줬으니까 수연이는 괜찮을 거야. 병원 안 가도 돼. 하나님이 내 기도를 들어 주셨어."

"기도는 무슨, 병원을 데리고 가야지. 수연아 얼른 병원 가자!"

"목사님이 병든 사람에게 기도하면 낫는다고 하셨어. 성경에도 씌어 있고. 예수님이 말씀해 주셨잖아. 무엇을 구하든지 다 들어 주신다고 하셨잖아. 병원 안 가도 돼!"

"아닌데, 기도하면 낫는데…."

결국 할머니는 수연이를 데리고 병원에 가셨다. 할머니는 우리 교회 집사님이셨다. 집사님이신 할머니는 '기도는 무슨, 병원에 가야 한다'고 하고 어린 손녀딸은 '기도했으니까 하나님이 고쳐 주셨다'고 하고, 어찌됐건 할머니의 손에 이끌려 수연이는 병원에 갔다.

"왜 데리고 오셨어요? 아무렇지도 않은데요?"
"화상 입은 거 아녀요? 어묵 국물을 엎었다는데…"
"괜찮습니다. 부기도 다 내려갔고 병원에 안 오셔도 되는데 오셨네요?"
"괜찮은 거죠? 다행이네요. 감사합니다. 의사 선생님"

병원 의사 선생님은 수연이의 손등을 보더니 할머니에게 괜찮다고 하셨다.

"하나님이 제 기도를 들어 주셨다니까요? 병원 안 가도 된다니까 할머니는 왜 안 믿으세요? 의사 선생님께 감사한 게 아니라 치료해 주신 하나님께 감사를 드려야지요."
"시끄러! 집에 가자!"

하나님의 살아계심과 기도 응답을 경험한 소연이와 수연이는 일주일 동안 입이 근질거렸는지 주일에 교회 오자마자 나를 붙들고 감동의 스토리를 풀어 놓은 것이다.

"우리 소연이 수연이가 드디어 기도의 맛을 봤구나? 이제 할머

니가 아프면 너희들이 기도해 드려라. 그리고 믿지 않는 엄마 아빠를 위해서도 기도하고, 기도하면 하나님께서 응답해 주신단다. 어린이 예배 때 간증해! 알았지?"

"네."

소연이와 수연이는 까르르 웃으며 교육관으로 뛰어 들어갔다. 하나님의 말씀이 자신들을 통해서 경험되니 마냥 기쁜 모양이다.

하나님의 말씀은 어린이나 청소년이나 어른에게 모두 동일하다. 예수님이 복음을 전하던 현장에는 어린이들도 있었다. 예수님은 어린이도 알아들을 수 있는 쉬운 설교를 하신 것이다. 복음에 대한 가르침은 어렵게 하는 것이 아니라 누구든지 다 알아듣고 깨달아 능력 있는 삶을 살게 하는 것이다.

많은 어린이들이 하나님 말씀 앞에 가슴을 찢으며 애통하는 기도를 하고, 구원의 감격에 기뻐 춤을 추며 눈물로 찬양을 한다. 어린이들도 어른들과 똑같은 영혼들이다. 하나님의 자녀들이다. 어린이들도 예배자로, 강한 군사로, 제자로 세워질 수 있다. 어른들에게 없는 순수함이 어린이들에게는 있다. 진심은 통하기 때문에 진실을 전하면 믿는다. 풍성한 간식과 게임으로 영혼들이 달라지는 것이 아니다. 생명의 말씀이 영혼들을 변화시키는 것이다.

어느 날 한 친구가 내게 편지 하나를 손에 쥐어 주며 웃으면서 사라졌다.

To. 목사님

안녕하세요. 목사님!

저는 목사님의 매력에 풍! 덩! 빠져버린 '방채원' 학생이라고 합니다.

성대모사도 잘하시더라고요. ^_^

그리고 목사님께서 목이 편찮으시다고 하셨는데,

애들을 위해서 막 소리 지르셔서 걱정이 좀 됐어요. ㅠㅠ

얼굴 막 빨개지시고…

그래도 금세 하얘지셔서 (얼굴이) 괜찮았어요! 하핫…

그리고 존경합니다.

그리고 특히 목사님께서 영상을 틀어 주실 때 정말 욱할 뻔 했고, 많이 흥분했어요.

그리고 눈물이 계속 흐르고…

지금도 눈이 따가울 정도예요. ㅠㅠ

그 영상 때문에 죄를 지었을 때를 다시 되돌아보는 시간이 된 것 같아요.

감사합니다.

그리고 사랑합니다.

앞으로 커서 목사님처럼 인자하고 지혜로운 사람이 되도록 할게요!

감사하고 사랑해요!

From. 방채원

8.

광야에서
외치는 자의 소리

"목사님, 오늘 화나셨어요? 무슨 안 좋은 일 있으세요?"
"우리 목사님은 맨 날 소리치셔, 맨날 화내시면서 설교하셔!"

우리 교인들이 주로 내게 하는 이야기다. '목사님 설교는 맨날 책망하는 설교'라는 것이다. 서론은 조용하게, 본론은 재밌으면서 (웃길 땐 배꼽 빠지게 웃으면서) 진지하게, 결론은 회개와 결단을 요구하는 메시지를 좀 세게 전하다 보니 성도들이 듣기엔 '우리 목사님은 맨날, 책망하셔!'라는 느낌을 갖는지도 모르겠다.

그러면 나는 왜 이렇게 소리치는 목사가 되었을까?

모태신앙으로 자랐지만 아무런 영적인 경험도, 하나님에 대한 아는 지식도 없이 그저 종교적인 열심으로 교회만 왔다 갔다 했던 내 모습을 생각하니 억울했고, 또 나와 같은 많은 종교인들이 있을 것을 생각하니 분통이 터졌다.

성경에 대해서 제대로 알려주고 책망이 필요할 땐 쓴 소리를 해줄 사람이 필요한데 많은 사역자들이 사람의 비유만 맞추고 있지 않나 싶다. 죽음도 두려워하지 않고 내가 가진 진리를 선포하는 사람이 제자가 아닌가? 나는 제자가 되고 싶었다. 사람들의 제자가 아닌, 예수님의 제자사 되고 싶다.

이스라엘 유다 광야에 낙타 털 옷을 입고 허리에는 가죽 띠를 띠고 메뚜기와 들꿀을 먹으면서[8] 동에 번쩍 서에 번쩍하는 홍길동 같은 한 사람이 나타났다. 침례(세례) 요한이다.

침례 요한은 예수님보다 6개월 먼저 태어난 선지자다. 그는 이사야 선지자의 예언대로 하나님의 마음을 선포한다. 그는 '회개하라. 하나님 나라가 가까이 왔다.'라는 메시지를 선포하면서 자신은 광야에서 외치는 이의 소리가 되었다고 말한다.

> 그 무렵에 침(세)례자 요한이 나타나서, 유대 광야에서 선포하여 말하기를 "회개하여라. 하늘 나라가 가까이 왔다" 하였다. 이 사람을 두고 예언자 이사야는 이렇게 말하였다. "광야에서 외치는 이의 소리가 있다. '너희는 주님의 길을 예비하고, 그의 길을 곧게 하여라.'" _새번역 마태복음 3:1-3

---

8) 마태복음 3:4 요한은 낙타 털 옷을 입고, 허리에는 가죽 띠를 띠었다. 그의 식물은 메뚜기와 들꿀이었다.

이스라엘 백성은 하나님께서 특별히 선택하신 선민이었지만 그들은 하나님을 제대로 알지 못했다. 오히려 하나님을 떠나고, 하나님을 섬긴다는 자들은 외식함으로 하나님을 예배했다. 하나님은 아들 예수님을 이 땅에 보내시기 전 마지막 선지자로 침례 요한을 먼저 보내시고 하나님 아버지의 마음을 전달하게 하셨다. 하나님의 마음은 회개하여 하나님께 돌아오라는 것이었다. 주님이 오실 수 있을 길을 예비하고 그 길을 곧게 하는 일을 위해 요한을 부르신 것이다.

요한은 하나님을 떠난 백성들에게, 하나님을 제대로 알지 못하는 백성들에게 광야에서 회개를 선포했다.

"회개하라. 하나님의 나라가 가까이 왔느니라!"

예수님도 요단강에서 침례(세례)를 받으신 후 비둘기 같은 성령이 임하시고 바로 성령에 이끌려 광야로 가신다. 그곳에서 40일간 금식하실 때 마귀에게 시험을 받으시지만 예수님은 마귀의 시험을 말씀으로 이기시고 갈릴리, 가버나움으로 가신다. 그곳에서 선포하셨던 첫 번째 말씀[9]이다.

---

9)　마태복음 4:12-17 예수께서, 요한이 잡혔다고 하는 말을 들으시고, 갈릴리로 돌아가셨다. 그리고 그는 나사렛을 떠나, 스불론과 납달리 지역 바닷가에 있는 가버나움으로 가서 사셨다. 이것은 예언자 이사야를 시켜서 하신 말씀을 이루시려는 것이었다. "스불론과 납달리 땅, 요단 강 건너편, 바다로 가는 길목, 이방 사람들의 갈릴리, 어둠에 앉아 있는 백성이 큰 빛을 보았고, 그늘진 죽음의 땅에 앉은 사람들에게 빛이 비치었다." 그 때부터 예수께서는 "회개하여라. 하늘 나라가 가까이 왔다" 하고 선포하기 시작하셨다.

"회개하라 천국이 가까이 왔느니라!"

오늘날 교회는 회개를 선포하지 않는다. 잘못된 길을 가고 있어도 잘못 가고 있다고 말하지 않는다. 그저 듣기 좋아하는 말들로 교인들의 귀를 즐겁게 한다. 사람들은 '복 받는다'는 이야기, '사랑, 축복, 위로, 성공'에 관한 이야기를 듣기 좋아한다. 책망과 교훈의 말씀은 별로 듣고 싶어 하지 않는다. 그래서 바울은 마지막 때가 되면 자기네 욕심에 맞추어 자기가 좋아하는 스승을 둘 것이라고 예언했나 보다.

때가 이르면, 사람들이 건전한 교훈을 받으려 하지 않고, 귀를 즐겁게 하는 말을 들으려고 자기네 욕심에 맞추어 스승을 모아들일 것입니다. _새번역 디모데후서 4:3

복음을 말하기 보다는 도덕과 윤리를 말하고 교리와 신조로 가르치기도 한다. 어떤 분들은 자기 자랑이나 세상 이야기(정치, 문화, 스포츠, 연예)로 귀한 말씀 시간을 다 쓰는 분들도 계신다.

한번은 목회자 모임에 갔는데 개회예배 시간에 목회 연륜이 많으신 목사님께서 설교 순서를 맡으셨는데 성경본문을 읽으신 후 "리더십"이란 주제로 설교를 시작했다. 30분간 설교를 하시는데 나는 그 설교를 듣고 '과연 저것이 하나님의 말씀일까!'란 생각이 들었다.

설교의 15분을 교황 프란치스코 1세(266대 교황)에 대한 자랑을 늘어놓았다. 때마침 교황이 한국을 방문했을 때이고 방송에서는 연일 교황을 찬양하는 내용들로 뉴스와 프로그램이 장식되었을 때이다. 그렇게 한참을 교황을 찬양하더니 이제는 영화 '명량 이순신'에 관한 이야기를 12분 정도 늘어놓는다. 그리고 남은 3분을 본문에 나오는 예수님의 이야기로 설교를 끝냈다. 도대체 누구의 리더십을 따르라는 것일까? 누구를 믿으라는 설교일까?

목사인 내가 이런 설교를 듣고 있자니 분통이 터지는데 이런 설교에 은혜(?)를 받고 있는 성도들은 또 어떤 사람들일까? 목회자 입에서 예수님의 이야기가 더 많이 나와야 하고, 복음의 진수를 전해 줘도 부족할 텐데 세상 이야기 하다가 끝나는 설교가 얼마나 많은가? 나는 이런 설교를 듣고 있노라면 분노가 일어난다. 내 어릴 적 나에게 복음을 전해 주지 않은 사역자들과 교사들이 생각나기 때문이다.

'저러다 다 지옥가지!'

그래서 난 성령을 받고 말씀을 연구하며 복음을 이해한 후, 애통하는 마음으로 소리를 지르는 것이다. 낭떠러지로 가는 눈먼 자에게 눈 뜬 자가 할 일은 소리치는 일이다.

"멈추세요. 거기로 가면 죽습니다. 한 발만 더 내딛으면 당신은 더 이상 돌아올 수 없는 길로 갑니다. 멈추세요."

세상 문화와 유행에 눈 먼 다음 세대들을 볼 때 소리 지르지 않을 수 없고, 영적인 일에 눈먼 교사들과 사역자들을 볼 때 소리 지르지 않을 수 없고, 육신의 소욕 때문에 눈먼 성도들을 볼 때 소리 지르지 않을 수 없다. 때론 답답한 마음에 눈물로 호소하기도 하고, 무릎 꿇고 빌어 보기도 한다. 그래도 깨닫지 못하고 말을 듣지 않으면 그저 긍휼의 마음으로 바라보며 눈물만 흘릴 뿐이다.

"주여, 저들이 하는 일을 알지 못합니다. 용서하여 주시옵소서!"

나는 광야에서 외치는 자의 소리가 되기로 작정했다. 누가 뭐라 해도 듣든지 안 듣든지 외칠 것이다. 성도들의 귀를 즐겁게 하기 위해 설교하지 않을 것이다. 설교시간 내내 웃기는 설교하는 웃기는 놈은 되고 싶지 않다.

목회자가 하나님의 말씀을 바로 전했다면, 설교를 듣고 성도들이 괴로워 회개하지 않으면 안 되는 것이다. 스데반이 바른 복음을 전했을 때 그 설교를 들었던 많은 사람들은 괴로워했다.[10] 베드로가 바른 복음을 전했을 때도 그 설교를 들었던 많은 사람들은 마음에 찔림을 받고 '우리가 어떻게 하면 좋겠습니까?' 하고 회개했다.[11] 바울이 예수 그리스도 복음을 전했을 때 회개하고 돌아

---

10) 사도행전 7:54 그들은 이 말을 듣고 격분해서, 스데반에게 이를 갈았다.

11) 사도행전 2:37 사람들이 이 말을 듣고 마음이 찔려서 "형제들이여, 우리가 어떻게 하면 좋겠습니까?" 하고 베드로와 다른 사도들에게 말하였다.

오는 사람이 있는가 하면 바울을 죽이기 전까지는 아무 것도 먹지 않기로 결심한 사람도 있었다.[12]

예수 그리스도의 복음을 제대로 전하고 들었을 때 반응은 회개하든지 돌을 던지든지 할 것이다. 그래서 침례 요한도 목 베임을 당해 죽었고, 스데반도 돌에 맞아 죽었고, 예수님도 십자가에서 죽으셨다.

마지막 시대에 필요한 것은 주님의 심정을 담은 외침이다. 주님 오실 길을 예비해야 할 이 시대에 필요한 것은 처절한 부르짖음이다.

아무도 광야에서 외치는 자의 소리가 되지 않는다면 나라도 소리쳐야겠다는 생각에 말씀을 전할 기회가 있을 때마다 외친다. '광야에서 외치는 자의 소리'는 환영 받지 못하는 자리다. 명성을 얻는 자리도 아니다.

요즘 시대 가장 인기 있는 목회자는 1분에 한 번씩 웃기는 사람이거나 축복설교 하는 사람이다. 기독교방송에서도 이런 분들이 환영 받는다. 그러나 광야에서 외치는 자의 설교는 비인기종목이다. 한번은 모 기독교 TV방송에서 5분 설교를 한 적이 있었다. 그때도 내 설교의 주제는 다음 세대를 살려야 한다는 것이었다. 말 뿐인 그리스도인이 아니라 예수의 제자로 살아가는 그리스도인이 되자는 말씀을 전하면서 회개해야 한다고 했다.

짧은 5분 설교, 어찌 보면 내가 할 수 있는 마지막 설교 일지도

---

12) 사도행전 23:14 그들이 대제사장들과 장로들에게로 가서 말하였다. "우리는 바울을 죽이기 전에는 아무 것도 입에 대지 않기로 굳게 맹세하였습니다.

모른다는 생각에 하고 싶은 얘기를 가감하지 않고 전했다. 방송녹화가 끝나자 담당 PD가 와서 하는 말이 이렇다.

"목사님의 말씀을 듣고 있으니까 심장이 뛰었습니다. 한편에선 두렵기도 했습니다. 이 시대 꼭 들어야 할 말씀이었습니다. 하지만 방송용은 아닙니다. 다음에는 축복의 말씀이나 위로의 말씀을 전해 주시면 더 좋을 것 같습니다."

나는 사람을 기쁘게 하는 종이 되고 싶지 않다. 사람의 비위나 맞추고 사람의 환심이나 사려고 했다면 목사가 되지 않았을 것이다. 난 처음부터 광야의 소리가 되기로 작정한 사람이다. 베드로처럼, 스데반처럼, 바울처럼, 예수님처럼!

그 때에 베드로와 요한은 대답하였다. 하나님의 말씀을 듣는 것보다, 당신들의 말을 듣는 것이, 하나님 보시기에 옳은 일인가를 판단해 보십시오. 우리는 보고 들은 것을 말하지 않을 수 없습니다. _새번역 사도행전 4:19-2

내가 지금 사람들의 마음을 기쁘게 하려하고 있습니까? 아니면, 하나님의 마음을 기쁘게해 드리려 하고 있습니까? 아니면, 사람의 환심을 사려고 하고 있습니까? 내가 아직도 사람의 환심을 사려고 하고 있다면, 나는 그리스도의 종이 아닙니다. _새번역 갈라디아서 1:10

▲ 유대광야에서

누군가는 눈먼 자를 인도해야 한다. 그들에게 소리쳐야 한다. 사망의 그늘에 앉아 울고 있는 형제들을 그리스도의 생명의 빛으로 인도해야 한다. 나마저 눈먼 자가 된다면 누가 그들을 끌어내겠는가? 오늘도 나는 소리친다.

"회개하라 천국이 가까이 왔느니라!"

예수께서 그들에게 또 비유 하나를 말씀하셨다. 눈먼 사람이 눈먼 사람을 인도할 수 있느냐? 둘이 다 구덩이에 빠지지 않겠느냐? _새번역 누가복음 6:39

Chapter 3

12 열두 제자
120 성령의 사역자
3000 헌신자

Dicipleship ●
121203000제자삼기

제자입니까?
교회 안에 제자가 되겠다고 고백하는 사람은 많다.
하지만 정작 제자의 삶을 살아가는 사람은 적다.
수많은 무리가 예수님 뒤를 따른다.
예수님은 뒤돌아서서 물으신다.
"내 제자가 되기를 원하느냐?"
얼마나 기대했을까? "예" 라고 대답 하지 않았을까?
"내 제자가 되려면
자신을 부인하고
모든 소유를 버리고
날마다 자기 십자가를 지고
나를 따라야만 제자가 될 수 있다"
많은 무리는 더 이상 예수를 따르지 않았다.
주님은 오늘도 우리에게 물으신다.
"내 제자가 되기를 원하느냐? 진심으로?"

1.

장학금
다음 세대를 위해서
써주세요

다시 다음 세대들과 함께 했던 삶의 이야기로 돌아가 보자.

12명으로 시작했던 청소년 사역이 1년이 지나고 2년이 지나면서 30명, 40명으로 늘어났다. 처음 시작은 모태신앙으로 자란 교회 집사님들의 자녀들로 시작을 했는데, 후엔 믿지 않는 부모에게서 자란 비신자들이 예배당을 채웠다. 말씀과 기도가 그들의 삶을 변화시키기 시작한 것이다.

한번은 '네이트온'이란 채팅방에서 교회 다니는 중학교 3학년인 남학생과 이야기를 나누게 되었다.

"창석아, 안녕 ^^* 뭐 하고 있냐?"
"아~ 씨~발!"

"창석아, 나야, 전도사님이다!"

"아~ 짱나(짜증나)! 왜 말거냐고~"

이 아이는 장로님의 아들이었다. 그런데 말을 건 사람이 담당 전도사라는 것을 알면서도 입에 담을 수 없는 욕을 하면서 1:1 채팅을 주고받았다. 도저히 용납이 되지 않는, 기본 예의라고는 찾아볼 수 없는 아이를 가만 놔둘 수 없었다. 나도 같이 욕으로 맞짱뜨기 시작했다.

"야이~ 개××야! 어디서 어른한테 욕이야? 싸가지 없는 새끼 같으니라고? 어디서 배워먹은 버릇이야? 죽을려고 환장했냐?"

자기가 세게 나오면 전도사가 함부로 못할 줄 알았는데, 오히려 전도사가 세게 나오니까 놀랐는지 바로 꼬리를 내렸다. 그 아이가 왜 그런 반응을 보였는지, 어떤 생각을 가지고 있는지 얘기를 들어보기로 했다.

어려서부터 부모님을 따라 교회를 나왔지만 예수님을 인격적으로, 영적으로 만나본 경험이 없는 아이였다. 하지만 부모님이 기대하시는 교회생활로 주일엔 오전예배부터 오후예배까지 빠지지 않고 성가대로, 찬양단으로 열심히 봉사를 했다.

사춘기에 접어들면서 부모님에 대한 불만을 갖게 되었다. 교회에서의 모습과 가정에서의 모습이 다른 부모의 신앙생활을 보면서 회의를 느끼고 그에 따른 불만을 집에서는 말 잘 듣는 아이로, 저녁에는 오토바이 폭주족으로 이중적인 생활을 했던 것이다. 그러면서 고등학교만 졸업하면 집에서 분가해 살고 싶다는 것이다.

신앙을 가진 부모가 가정에서 어떤 모습을 보여야 하는지를 느끼게 해주는 이야기다. 아이들은 가정에서부터 신앙을 보고 듣고 배운다. 아이들에게 직접 가르치지 않았어도 교육이 되고 있다는 것을 부모세대는 알아야 한다.

창석이란 아이도 꿈도 비전도 없는, 심지어 부모에 대한 분노로 부모를 죽이고 싶은 마음까지 가진, 교회 잘 다니는 아이였다. 부모는 이런 아이의 생각을 전혀 모르고 그저, 말 잘 듣는 착한 아들로만 생각하고 계셨던 것이다.

나는 그 아이에게 '하나님이 어떤 분이신지, 자신에 대한 정체성'을 알려 주면서 제대로 된 신앙생활을 한번 해 보자고 했다. 그리고 하나님의 꿈이 어떠한 것인지를 심어주었다. 1년 정도 지났을 때 이 아이는 하나님의 꿈을 발견했고 공부하기 시작했다.

고2가 되었을 때, 반 친구가 이 아이에게 찾아와서 물었다.

"창석아, 너 공부 잘하는 비결이 뭐냐? 학원이나 개인과외 받는 거 있냐?"

"아니, 난 학원도 안 다니고 과외도 안 받아."

"그런데 어떻게 그렇게 공부를 잘할 수 있게 되었어?"

"토요일이면 교회 가서 청소년 예배드리고 주일이면 하루 종일 예배드리는 것이 전부야."

"학원도 안 가고 주말엔 교회에서 산다고?"

"하나님이 지혜 주시면 공부도 잘 할 수 있어."

교회만 다니면서 예배생활하고 성경 읽고 기도했더니 공부 잘 할 수 있게 되었다는 말에 친구는 충격을 받았다.

"나도 네가 다니는 교회 같이 다니면 안 될까? 네가 다니는 교회는 도대체 어떤 교회인지 궁금해."

재민이는 친구 따라 토요일부터 교회에 나오기 시작했다. 60여 명의 청소년들이 예배를 드리는 모습에 재민이는 또다시 놀라고 말았다. 찬양을 하는데 모두가 즐겁게 찬양하고 기도할 때는 무섭게 울부짖으면서 기도하는 모습이 여느 교회에선 볼 수 없었던 모습이었던 것이다.

그때부터 재민이는 양육을 받으면서 하나님의 꿈을 꾸기 시작했다. 다니던 학원과 과외도 엄마에게 말하고 중단했다. 전엔 뚜렷한 비전 없이 시키는 대로 공부만 했었는데 이젠 확실한 비전이 생긴 것이다.

10대에 하나님을 위한 꿈을 꾸고, 20대엔 하나님께서 주신 꿈을 위해 철저히 준비하여, 30대에 세상을 향한 영향력 있는 지도자가 되겠다는 새로운 비전이 생긴 것이다. 공부해서 남 줄 수 있는 인생, 돈 벌어서 남 줄 수 있는 인생이 하나님 안에서 멋있게 살아가는 방식이라는 것을 깨달은 것이다. 공부를 왜 해야 하는지, 돈을 왜 벌어야 하는지 확실히 알고 나니 공부에 대한 자신감과 성취감이 생기고, 성경을 읽고 기도하니 하나님께서 지혜를 주셔서 공부하는 아이로 달라졌다.

어느 날 재민이가 찾아왔다.

"목사님, 전교에서 1등 해서 장학금 받았어요."
"그래? 축하한다. 멋지구나!"
"장학금 100만 원, 하나님께 드립니다. 다음 세대 사역을 위해써 주세요."

1년 전만 해도 뚜렷한 목표도 비전도 없던 아이가 하나님 안에서 비전을 갖게 되니 장학금 전부를 하나님께 기쁨으로 드릴 수 있는 아이가 되었다. 그의 부모님은 아들의 변화를 보면서 기뻐하시며 감사해 하셨다.

"목사님, 저희 부모님께서 목사님께 전해 드리라는 데요?"
"뭔데?"
"이번에 생각지도 않은 수입이 생겼는데 이 돈은 목사님이 하시는 사역 위해 헌금해야겠다는 생각이 드셨데요."

봉투를 열어 보니 500만 원이 넘는 큰돈이었다. 난 학생들을 양육하고 훈련했을 뿐인데, 하나님은 필요한 재정과 동역자들을 붙여주시고 계셨다.

재민이는 그 후로도 열심히 공부해서 과학기술대학교에 들어갔다. 지금은 K은행에 입사하여 연수 중에 있다. 그에겐 더 큰 꿈이 생겼다. 하나님의 나라를 위해 재정을 쓸 줄 아는, 하나님의 소원인 세계선교를 감당하는 동역자가 되는 꿈이다.

다음 세대 사역은 지금 당장 돈이 되는 사역이 아닌, 끊임없이 뿌리는 사역이라 했다. 씨를 뿌리다 보면 그 가운데는 길가에도 떨어지고, 어떤 씨는 딱딱한 돌밭에도 뿌려지고, 어떤 씨는 가시덤불 밭에도 뿌려지고, 어떤 씨는 좋은 밭에도 뿌려진다.

시간이 지나고 나면 이 모양 저 모양으로 열매 맺는 씨앗들이 생겨난다. 물론 새들이 와서 먹어 치우는 씨도 있다. 그렇다고 뿌리지 않겠는가? 지금 당장 열매를 보기 위해 뿌리는 것이 아니다. 인내가 필요하다. 적어도 10년은 기다려야 할 것이다. 그 이상을 기다려야 할 씨앗도 있다. 끝까지 기다려 주는 것이다. 언젠가는 열매 맺을 씨앗도 있기 때문이다. 집 나간 둘째 아들이 다시 집으로 돌아오듯이 언젠가 돌아올 씨앗들이 있기에 오늘도 동구 밖에 서서 기다리는 것이다.

다음 세대들은 들쑥날쑥이다. 죽기 살기로 뛰어들었다가도 언제 그랬냐는 듯이 금방 식기도 하는 세대가 다음 세대들이다. 감정 따라 쉽게 변하기도 한다. 내 모든 것을 다 들여 투자했어도 먹

튀하는 청소년, 청년들도 있다. 그것도 아주 많다. 그래도 계속하
는 것이다. 예수님께서 제자들을 끝까지 참으시고 사랑하셨던 것
처럼 끝까지 버티는 것이다.

　천 원 한 장도 헌금하지 못하던 아이들이 이젠 장성하여 헌금을
한다. 가끔, 아주 가끔 용돈도 준다. 내가 좋아하는 탕수육도 사들
고 온다. 십대 청소년이었던 아이들이 이젠 자라 직장생활도 하고
결혼을 해서 자녀를 키우는 부모세대가 되고 있다. 10년, 20년 한
우물을 파고 기다린 보람이 있는 것이다. 앞으로 30년, 40년도 가
야 한다. 다음 세대가 이 땅에 존재하는 한!

2.

다음 세대들이
울고 있다

21세기를 살아가는 어린이, 청소년, 청년들을 한마디로 표현 한다면 '상처덩어리들'이다. 누가 그들을 이렇게 만들었을까? 환경이 아이들을 힘들게 했다고 한다. 그 환경은 어른들이 만들었다.

아이들이 게임비와 유흥비를 위해서 몸을 팔고 원조교제를 한다. 청년들이 스마트폰 채팅으로 모르는 상대를 쉽게 만나 원 나잇 스탠드 One-night stand 13)를 즐긴다.

이제 갓 10대, 20대인 아이돌 가수들은 스타가 되고 돈을 벌기 위해, 성을 상품화한 노래를 만들고 노골적인 뮤직비디오를 찍어 흘리고 있다.

....

13) 서로 모르던 사람이 밤에 만나 앞으로 만날 것도 약속하지 않고 성적관계를 맺는 것을 말한다.

유치원에 다니는 아이들조차 어떤 행동인지도 모른 채 섹시한 춤을 추고 있고 어른들은 예쁘다고 박수를 쳐 주고 있다. 중·고등학교 여학생들이 속살이 다 보이도록 섹시댄스를 춘다. 남학생들은 괴성을 지른다. 무엇을 보여주기 위한 춤이고 왜 이 세상이 이토록 음란해지고 더러워졌는가?

다음 세대들이 아픔의 눈물을 흘리고 있다. 살려달라고 소리치고 지켜달라고 애원하고 있다. 어른들은 영혼의 탄식소리를 들어야 한다.

내가 만난 아이들, 양육을 하고 제자훈련을 한 아이들 대부분이 아픔과 상처를 가진 아이들이었다.

부모의 이혼으로 상처를 받은 아이, 어릴 적 오빠 친구로부터 성폭행을 당했지만 아무에게도 말할 수 없었던 아이가 양육을 받으며 눈물로 아픔을 이야기한다.

술 중독에 빠진 아빠의 술심부름으로 학교도 가지 못한 채 술을 사러 가는 9살 난 아이, 오늘 밤은 그 아이가 추위 속에 길거리를 헤맨다.

어릴 적 엄마와 아이들을 버리고 훌쩍 떠나버린 아빠, 부모의 사랑이 고팠던 아이들은 자랐지만 여전히 외로움과 아픔을 지닌 성인아이가 되어 있다. 내가 그 아이들의 '영적 아빠가 되어 주겠다.' 했더니 뜨거운 눈물을 흘린다.

일도 하지 않고 매일 술을 마시면서 엄마와 자녀들을 구타하는 아빠를 죽이고 싶어 칼을 들었던 아들, 이젠 그 아들 손에 성경이

들려 있고 아빠를 위해 기도한다.

생활력 없는 부모, 사고치는 부모를 위해 가고 싶은 대학을 포기하고 일찍부터 치열한 삶의 현장에 나가 밤낮 일하는 자녀들, 그러면서도 믿지 않는 부모의 영혼을 위해 눈물을 흘린다.

지금 우리 아이들이 울고 있다.

어느 수요일 저녁이었다. 수요예배를 마치고 학생들과 교사들이 모여 1시간을 기도했다. 저녁 10시가 되었는데도 기도는 그칠 줄을 모른다.

그렇게 한참을 서서 기도하는 아이들의 모습을 지켜보고 있는데 내 눈에 들어온 한 자매 청년이 있었다. 그 자매는 아무런 소리도 내지 못하고 그저 고개만 숙이고 있었다. 하나님께서 그 청년의 머리에 손을 얹고 기도하라는 마음을 주셔서 그 청년이 있는 곳으로 갔다.

"하나님! 사랑하는 딸을 긍휼이 여겨 주시옵소서."

두세 번 반복하며 기도하는데 1분이 지났을까? 아무런 소리도 내지 못하던 자매가 좁은 어깨를 조금씩 들썩이더니 갑자기 울기 시작하더니 목이 터져라 소리를 지른다.

"아버지! 나를 도와주세요."

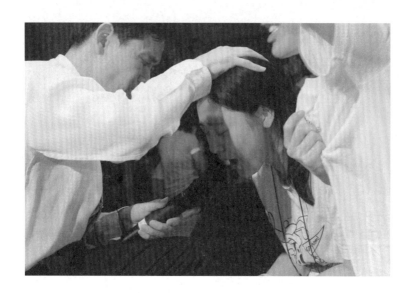

　예수님의 마음으로 손만 얹었을 뿐인데, 대성통곡을 한다. 흐르는 눈물이 의자방석을 적신다. 난 그의 눈물을 닦아 주며 하나님의 말씀으로 기도를 해 준 뒤 다시 원래 있던 자리로 돌아왔다. 그때 또 다른 청년이 내 시야에 들어왔다. 이번엔 형제였다. 그 형제에게 다가가 똑같이 손을 머리에 얹었다.

　"하나님! 사랑하는 아들을 긍휼이 여겨 주시옵소서."

　형제가 갑자기 주먹으로 바닥을 치더니 울기 시작했다. 눈물샘이 폭발한 듯 계속 눈물을 쏟아 냈다. 무슨 아픔이 있었던 것일까?

어떤 고통이 그를 그토록 힘들게 했던 것일까? 기도할 수 없을 정도로 옭아맸던 사슬은 무엇이었을까?

2시간이 훌쩍 넘었는데 여전히 그 아이들은 기도의 자리에 있었다. 가슴을 치며 기도하는 형제, 땅 바닥에 엎드린 채 두 손만 하늘을 향한 자매, 온 몸을 흔들며 눈물로 절규하는 아이들의 뒷모습을 보며 나도 그들을 향해 두 손을 뻗어 기도하는데 예수님께서 조용히 내게 말씀해 주신다.

"용성아, 저들의 눈물이 보이느냐? 저들의 고통의 소리가 들리느냐? 네가 다음 세대를 살리는 목사가 된다고 내게 말했지? 저들의 눈물을 닦아 주는 목사가 되어라. 저들의 아픔을 이해하고 사랑해 주는 목사가 되어라. 저들의 눈물이 나의 눈물이고, 저들의 아픔이 나의 아픔이고, 저들의 기쁨이 나의 행복이다."

"내가 무엇이라고 저들을 품을 수 있습니까? 내가 무엇이라고 저들을 사랑할 수 있습니까? 내가 무엇이라고 그들의 눈물을 닦아줄 수 있습니까? 그럼에도 나를 부르시고 내게 사명을 주시니 저들과 함께 하겠습니다."

난 하나님 아버지의 마음을 알아 아픔을 가진 이들의 눈물을 닦아 주는 목사가 되기로 다시 결단했다. 그리고 그 다음 날, 2007년 9월 8일, 'Compassion', '긍휼'이란 곡을 썼다.

Compassion compassion
주님의 마음 주님의 사랑
네가 아픈 만큼 나도 아프고
네가 슬픈 만큼 나도 슬프다
너의 눈물이 나의 눈물이 되고
너의 웃음이 나의 행복이 되네
주님 나를 위해 십자가 고통의 피 흘려
나의 모든 죄 사 하셨네 주님의 은혜로
너는 이제 주의 사랑 가지고
형제의 눈물 닦아 주어라
내가 너의 눈물 닦아 줬듯이
너는 주 사랑 나누어라

지금도 다음 세대들이 울고 있다.

3.

유일한 방법은
하나님 말씀이다

"목사님은 다음 세대 사역에 탁월한 은사가 있으십니다. 우리 같은 사람들은 하라고 해도 못합니다. 다음 세대 사역, 아무나 하는 것 아닙니다."

사람들이 다음 세대 사역은 결코 쉬운 사역이 아니라고들 한다. 그래서 특별한 은사가 있어야 할 수 있다고 말한다. 물론 타고난 은사가 있으면 다음 세대 사역을 하는데 좀 더 수월할 수는 있을 것이다. 그러나 내가 경험한 다음 세대 사역은 타고난 은사가 아니어도 충분히 자기개발 self development 을 통해 만들어질 수 있다.

결혼을 해서 자녀를 낳아 양육하는데 특별한 은사가 있어야 한다고 말하는 사람은 많지 않다. 대부분 처음 아이를 낳고 어떻게 키워야 하는지 육아에 대한 정보를 책이나 TV를 통해서 얻고, 먼저 낳아 길러 본 부모들로부터 조언을 얻어 자녀를 양육한다.

부모가 자녀를 양육하는데도 끊임없이 공부해야 한다. 성경에서도 자녀를 어떻게 양육해야 하는지 분명히 말씀해 주고 있다. 유대인들은 4천 년이 흘렀지만 여전히 모세를 통해서 주셨던 하나님의 말씀대로, 그때 그 방법대로 양육하고 있다.

> 이스라엘은 들으십시오. 주님은 우리의 하나님이시요, 주님은 오직 한 분뿐이십니다. 당신들은 마음을 다하고 뜻을 다하고 힘을 다하여, 주 당신들의 하나님을 사랑하십시오. 내가 오늘 당신들에게 명하는 이 말씀을 마음에 새기고, 자녀에게 부지런히 가르치며, 집에 앉아 있을 때나 길을 갈 때나, 누워 있을 때나 일어나 있을 때나, 언제든지 가르치십시오. 또 당신들은 그것을 손에 매어 표로 삼고, 이마에 붙여 기호로 삼으십시오. 집 문설주와 대문에도 써서 붙이십시오. _새번역 신명기 6:4-9

AD 70년 이스라엘이 로마의 디도장군에 의해 예루살렘이 완전히 파괴되고 이스라엘 민족은 나라 없이 전 세계로 뿔뿔이 흩어졌다. 1930년대에는 나치 히틀러에 의해 그나마 흩어져 살고 있던 유대인들을 찾아 죽이는 홀로코스트 Holocaust 로 인해 600만 명이 학살당하는 비극의 시기를 겪으며 아픔과 긴 슬픔을 간직한 이스라엘이란 민족은 그렇게 역사 속에서 영원히 사라지는 듯했다.

그러던 1948년 5월 14일, 사라졌던 이스라엘은 독립국가로 건

▲ 유대인의 통곡의 벽

국을 선언한다. 그리고 전 세계에 흩어져 있던 디아스포라 유대인들이 이스라엘로 돌아오기 시작했고, 리투아니아에서 온 이민자 엘리에제르 벤 예후다 Eliezer Ben Yehuda 에 의해 성경 히브리어를 현대 일상생활에 접합시키면서 사라졌던 히브리어를 살려내게 된다.

어떻게 이런 일이 가능할 수 있었을까? 무려 2000년이란 긴 세월동안 역사 속에서 사라졌던 작은 한 유대 민족이 세상에 다시 나타나고 지금은 세계를 주도하는 위대한 민족이 되어 있다. 그게 가능할 수 있었던 것은 나라를 잃고 유리방황했지만 민족성, 역사성만큼은 잃어버리지 않았기 때문이다. 자녀들에게 하나님의 말씀, 유대민족의 역사를 가르치면서 전수했기 때문이다.

유대인들은 자녀들을 하나님의 말씀으로 부지런히 가르쳤다. 집에 있을 때나 길을 갈 때나, 어느 곳에 있든지 하나님의 말씀을 가르쳐 기억하며 살게 했던 것이다.

기독교 신앙은 한 세대가 지나면 신앙전수가 되지 않는다. 부흥기를 맞봤던 유럽 기독교가 무너지고, 전 세계 선교를 주도하던 미국 기독교도 몰락하고, 1908년 제2의 예루살렘이라고 했던 평양부흥기도 100년을 넘기지 못하고 한국 교회는 급속도로 무너지고 있다. 왜 이렇게 되었는가?

부흥을 강조하고 전도를 강조했지만 가장 중요한 가정신앙교육부터 이루어지지 않았고 다음 세대를 말씀으로 제대로 가르치지 못했기 때문이다.

한 성도가 찾아왔다. 아들이 군 제대를 했는데 믿음이 없어 주일성수도 안하고 있으니 아들을 신앙으로 잘 양육해줘서 신앙생활 잘하는 아들로 세워달라는 요청이었다.

나는 그 다음 주에 교회에 온 아들을 만나 '신앙생활 제대로 해보지 않겠느냐?'고 말하면서 양육을 제안했고 청소년, 청년 예배에 나와 내 설교를 들으면서 예배생활을 해 볼 것을 권유했다. 그러자 그 아들은 그렇게 하겠노라고 대답을 하고 양육과 예배생활을 하기 시작했다.

그러던 중 유스비전캠프가 있었고 그 아들은 캠프에 헌신자로 참여하면서 살아계신 하나님을 경험하게 되었다. 캠프 이후 아들은 완전히 달라졌다. 교사로 헌신하고, 주일 오전 예배뿐만 아니라 오후 어린이 예배까지 참여하면서 신앙생활의 재미를 느껴가고 있었다.

몇 달 후 아들의 어머니가 나를 다시 찾아왔다.

"목사님, 우리 아들이 요즘 교회를 너무 자주 갑니다. 지금은 공부할 때이니 교회는 주일에만 나가고 공부 좀 하라고 말해 주세요. 목사님이 말하면 우리 아들이 들을 것 같습니다. 부탁드립니다."

교회 안 나온다고 교회 출석도 잘하고 신앙생활 잘하는 아들로 만들어 달라고 해서 그렇게 해 줬더니 이젠 교회를 너무 많이 간다고 교회 좀 그만 나가게 해달라는 것이다.

주일 아침에 복도에서 한 성도를 만났다. 그 성도는 나를 보자마자 언성을 높인다.

"목사님, 애들 교육을 어떻게 시키는 겁니까? 애들이 어른을 보면 인사를 해야 하는데 인사를 안 해요. 교육 똑바로 시키십시오."

"애들이 그랬다고요? 알겠습니다."

속으로는 이렇게 대답했다.

'애들 교육은 교회에서 시키는 것이 아니라 가정에서 시키는 것입니다. 가정에서 애들을 어떻게 가르쳤으면 어른을 보고도 인사를 안 합니까? 인사 안 했다는 아이들 대부분 집사님, 장로님 아이들입니다. 담당 사역자나 교사들에게 교육 똑바로 시키라고 하지 말고 집사님 애들부터 가정교육, 신앙교육 똑바로 시키십시오.'

아이들이 좀 잘못하면 전부 남 탓한다. 사역자가 잘못해서, 교사가 열정이 없어서, 프로그램이 나빠서, 말도 안 되는 이유로 사역자들을 괴롭힌다. 아이들이 빗나가는 것은 대부분 가정교육 때문이다. 아이들의 스승은 부모다. 부모가 어떻게 살아왔느냐가 그 아이들의 성품과 행동과 삶의 결과를 낳게 한다.

다음 세대 교육의 제1의 현장은 가정이다. 두 번째가 교회이고 세 번째가 세상(친구, 학교, 학원)이다. 유대인 교육의 성공은 가정교육에서 시작되었다. 부모가 신앙으로 바로 서야 자녀들과 다음 세대들을 바로 세울 수 있는 것이다.

다음 세대들의 제2 현장인 교회는 '무엇을 어떻게 가르칠 것인가?'가 중요한 과제이다. 교회의 문화시설도 중요하다. 그러나 가장 중요한 것은 복음이다. 진리를 바로 가르치지 않는다면 아무리 좋은 문화센터를 가지고 있어도 다음 세대는 교회로 들어오지 않을 것이다. 세상이 더 화려하고 좋은 문화공간을 가지고 있기 때문이다.

아이들에게 필요한 것은 문화센터가 아니다. 그들에게 필요한 것은 정확한 진리이다. 예수 그리스도의 복음만 제대로 알려 주고 경험하면 다음 세대들은 복음 위해 삶을 전부 드린다. 적어도 청년이 되어 사회에 나가기 전까지는 말이다.

대학교와 사회에 나가면 세상 문화 유혹에 많은 젊은이들이 넘어진다. 물론 넘어졌다가 다시 일어나는 세대가 다음 세대들이다. 사랑의 끈만 놓지 않고 끝까지 기다려 주면 된다. 그러면 언젠가는 탕자 되어 돌아온다.

아이들이 갈급해 하는 것은 변하지 않는 진리이다. 그 진리만 발견하면 물불 가리지 않는 이들이 다음 세대들이다.

하버드 총장을 지냈던 퓨지Nathan M. Pusey가 청춘을 이끌어야 할 5가지 요소에 대해 말했다.

1) 변하지 않는 신념이 있어야 한다.
2) 흔들 수 있는 깃발이 있어야 한다.
3) 따를 수 있는 지도자가 있어야 한다.
4) 평생을 함께 할 친구가 있어야 한다.
5) 함께 부를 수 있는 노래가 있어야 한다.

5가지 요소만 갖추어져 있으면 청춘들은 그 일에 목숨을 건다. 교회가 바로 이런 곳이다. 교회 공간이 좁고 훌륭한 문화센터가 없어도 불변하는 진리를 바로 전달하는, 믿고 따를 수 있는 지도자가 있다면, 깃발을 흔들며 평생 동역자가 될 친구와 함께 승리의 찬양을 하며 고지를 향해 전진하는 것이다.

다음 세대들에게 복음을 전해야 한다. 예수 외에는 구원이 없다고, 오직 예수만이 길이요, 진리요, 생명이라고, 하나님의 아들 그리스도라고, 예수 믿지 않으면 지옥에 간다고, 성령 받지 않고 교회만 열심히 다닌다고 천국 가는 것 아니라고 확실하게 전해야 한다.

그런데 이 진리를 전하지 못하고 적당히 세상과 타협하도록 가르친다. 고3이 되면 수능 끝나고 대학합격하고 교회 나와도 된다고 가르친다. 취업하고 난 다음 교회 다녀도 늦지 않는다고 가르친다. 가장 중요한 복음은 뒤로 하고 세상 살아가는 법을 가르치고 있는 것이다. 그렇다 보니 수능 끝나고 고등학교 졸업하면 교회도 함께 졸업한다. 취업하고 나면 직장과 함께 세상으로 완전히 나가버린다.

나는 고3 수능을 준비하는 학생들에게 더 열심히 예배생활하고, 더 많이 기도하고, 성경 읽고 공부해야 한다고 가르친다. 삶에 있어 가장 귀한 것을 주님께 드릴 때 하나님은 받으신다. 다 쓰고 남은 것, 하찮은 것을 드린다면 하나님께서 받으실까?

청소년 시기 중 가장 중요한 시기가 고3일 것이다. 그 시기를 열심히 공부하면서 하나님 일에도 힘쓴다면 하나님께서 그를 기억하지 않으실까?

다음 세대 사역이 아무리 어렵다고 해도 그들에게 바른 하나님의 말씀만 전해준다면 그들은 평생 살아가는 동안 하나님의 말씀을 기억하며 살아갈 것이다. 그러나 이 시기를 놓쳐 버린다면 영 돌아올 수 없는 길로 들어서고 말 것이다.

다음 세대 사역은 은사도 선택과목도 아니다. 전공필수과목이다. 반드시 해야만 하는 사역이다. 잘하고 못하고를 떠나서 꼭 해야만 하는 사역이다. 타고난 재능이 없으면 배워서라도 재능을 만들면 되는 것이다. 학습에 의해 못할 일은 없다. 관심과 사랑과 노력이다. 에디슨은 99퍼센트의 노력과 1퍼센트의 하나님의 영감(재능)으로 세기의 과학자가 되었다고 고백한다. 군대 가면 반드시 외치는 구호가 있다. "할 수 있다. 하면 된다. 해 보자! 안 되면 악으로 깡으로!"

4.

코드를
맞춰라

다음 세대 사역에 절대적으로 필요한 것은 좋은 문화 공간보다도 진리의 하나님 말씀이다. 생명의 말씀만 들어가면 삶의 변화가 일어난다. 꿈이 없던 이들이 하나님의 꿈을 꾸고 그 꿈을 이루기 위해서 공부를 한다. 그러니 교사나 사역자들은 그들에게 하나님의 말씀을 듣게 해야 한다. 그런데 문제는 말씀을 들으려고 하지 않는다는 것이다.

다음 세대 사역을 시작하면서 '어떻게 하면 말씀을 들으려고 하지 않는 세대들에게 하나님의 말씀을 전달할 것인가?' 하는 고민을 했다. 다음 세대들의 특징은 자기가 좋아하는 관심사가 아니면 들으려고 하지 않는다.

관심사는 나이에 따라 조금씩 다르다.

초등학교 남학생의 관심사는 게임이고 여학생의 관심사는 친구다. 중학교 남학생의 관심사는 게임이고 여학생의 관심사는 연예인이다. 고등학교 남학생의 관심사는 게임과 예쁜 여자이고 여학생은 잘생긴 교생선생님이다. 대학교 남학생의 관심사는 예쁜 여자와 게임이고 여학생은 선배님이다. 군대 간 남자의 관심사는 예쁜 여자이고 복학생 남자의 관심사는 예쁜 여자와 게임이다. 남자의 관심사는 취업을 해도 결혼을 해도 게임과 여자다. 평생을 게임으로 사는 듯하다.

중고등학교에 들어가서 학생들에게 관심사를 조사했더니 1위가 '오늘의 급식'이었다. 등교하면서부터 '점심에 무슨 반찬이 나올까?'가 그들의 관심사였다. 꿈과 비전과 세계평화가 그들의 관심사가 아니다. 점심에 맛있는 돈가스가 나오면 이미 세계평화를 이룬 것이다. 꿈과 비전을 성취한 것이다.

관심사 2위는 연예인이다. 요즘 다음 세대들은 연예인병에 걸렸다고 해도 과언은 아니다. 각종 오디션 프로그램 영향으로 한류스타가 되겠다는 허황된 꿈을 가지고 있다. 심사위원들은 어린 아이들에게 '후회가 없도록 지금 하고 싶은 일을 해야 한다'는 충고(?)로 도전을 준다. 그 말에 힘을 얻어 공부도 중단하고 노래와 춤과 연기를 배우기 위하여 고액 학원에 가거나 기획사 연습생으로 들어간다. 실력도 없고 재능도 없는 아이들을 이용해 돈을 벌기 위해 '할 수 있다'며 아이들의 마음을 빼앗는다. 어른들의 상술에 아이들은 또 병이 든다.

10대는 하고 싶은 일을 할 때가 아니라 해야 할 일을 할 때이다. 지금 당장 하고 싶은 일을 하다가 중요한 시기를 놓쳐 정작 해야 할 일을 하지 않았을 때 하고 싶은 일도 할 수 없는 것이다. 세월을 아껴야 한다. 때가 악하기 때문이다. 시간 관리에 성공해야 한다.

자기가 좋아하는 연예인만 쫓아다니다가, 일명 '빠순이'가 되어 미래도 준비하지 못한 채 20대가 되고 백수인생, 알바인생이 되는 청년들이 많다. 그렇게 어정쩡하게 세월 보내다가 30대가 되어서도 '등골 브레이커'가 되어 부모를 괴롭히는 자녀들이 되는 것이다.

한 예로, 청소년들이 연예 기획사가 온-오프라인 매장에서 판매하는 아이돌 상품을 구입하는데 드는 비용이 '엑소 이어폰' 123만 원, 헤드기어(스포츠헬멧) 19만 8천 원, 선글라스 27만 8천 원, 스웨트 셔츠 35만 5천 원 등 머리끝부터 발끝까지 15종 총 384만 4천 원이란 엄청난 비용이 나왔다. 연예인처럼 하고 다니는 것이 트렌드가 된 것이다.

같은 언어를 사용하라

이런 문화세대에 살고 있는 다음 세대들을 전도한다는 것은 쉽지 않다. 그렇다고 방법이 없는 것도 아니다. 그들과 똑같아지면 된다. 똑같아진다는 말은 다음 세대들과 똑같이 행동하라는 말이 아니라 그들의 문화를 이해하기 위해서 관심을 갖고 소통하라는 말이다. 소통하기 위해서 다음 세대들의 언어를 관찰하고 공부해야 한다. 그리고 그들이 쓰는 언어들을 섞어서 대화를 한다면 그들은 마음을 연다.

비속어나 은어, 인터넷 용어들이 그리 좋은 언어는 아니다. 하지만 이미 다음 세대들에게는 이런 용어들이 일상어가 되어 있기 때문에 세대 차이를 좁히기 위해서라도 그들의 언어를 연구할 필요가 있다. 그리고 가끔 한마디씩 그들의 언어로 대화를 한다면 아이들은 "헐! 대박" 하면서 대화를 이어갈 것이다.

가정에서나 교회에서 자녀들과 대화의 단절이 오는 이유는 그들의 문화를 이해해 주지 않기 때문이다. 열린 마음으로 다음 세대들에게 다가간다면 마음 문을 열고 말씀을 들을 것이다.

전도(설교)는 쉽고 재미있게

아무리 좋은 복음, 생명의 말씀이라 할지라도 그 말씀을 들을 수 없다면 믿을 수 없고, 믿지 않는다면 구원받을 수 없다. 그러니 복음을 듣게 하는 것이 중요하다. 예수 그리스도의 복음을 들을 때 믿음이 생기기 때문이다.

그러므로 믿음은 들음에서 생기고, 들음은 그리스도를 전하는 말씀에서 비롯됩니다. _새번역 로마서 10:17

주님의 이름을 부르는 사람은 누구든지 구원을 얻을 것입니다." 그런데 사람들은 자기들이 믿은 적이 없는 분을 어떻게 부를 수 있겠습니까? 또 들은 적이 없는 분을 어떻게 믿을 수 있겠습니까? 선포하는 사람이 없으면, 어떻게 들을 수 있겠습니까? 보내심을 받지 않았는데, 어떻게 선포할 수 있겠습니까? 성경에 기록한 바 "기쁜 소식을 전하는 이들의 발걸음이 얼마나 아름다우냐!" 한 것과 같습니다. _새번역 로마서 10:13-15

복음은 기쁜 소식이다. 문제는 전하는 사람들이 기쁘게 전하지 않는다는 것이다. '기쁜 소식'이란 말은 '행복한, 즐거운, 재미있는' 이란 의미가 담겨져 있다. 요즘 '가나안 신자들'[14]이 많다. 그들이 교회에 나오지 않는 이유 중 하나가 '재미가 없어서'다. 예배가 너무 엄숙하고 경직되어 있고, 찬양은 90년대 스타일에서 멈춰 있고, 말씀은 너무 지루하고 어려워서 들을 수 없다는 것이다. 진리는 변할 수 없지만 진리를 전달하고 표현하는 방식은 시대에 맞게 달라져야 한다.

집회를 인도하거나 말씀을 전할 때가 되면 빼놓지 않고 하는 것이 있다. 인터넷 실시간 검색 순위와 최신 뉴스다. 최신 뉴스 중에서도 연예계 소식은 다 찾아본다. 목사가 연예계 뉴스를 다 찾아본다는 말에 '타락한 목사 아닌가?'란 생각을 하실 분도 계실 것이다. 다음 세대들의 관심은 정치나 경제나 교육이 아니다. 그들의 관심은 연예계 소식이다. 자기들이 좋아하는 연예인들의 이야기를 해 주면 초집중해서 듣는다. 그렇게 말씀을 들으면 성령의 역사가 강력하게 일어날 것이다.

---

14) '가나안 신자'는 예수님은 좋은데 교회는 나가지 않는다는 사람들을 말한다. '가나안'을 거꾸로 하면 '안나가'다. 이런 가나안 신자가 100만 명이 된다는 통계도 있다.

매주 가요 프로그램 순위를 찾아보고 새로 나온 뮤직비디오를 본다. 그리고 세대별로 좋아하는 가수들의 노래와 춤을 익히고 따라해 본다. 물론 전 곡을 다 아는 것은 아니다. 그 노래의 핵심부분의 춤과 노래를 익힐 뿐이다. 그리고 설교할 때 그 부분만 아이들 앞에서 하면 아이들은 내가 자기네들이 좋아하는 가수들의 노래를 전부 다 아는 줄 안다. 졸다가도 눈을 뜨고 집중해서 듣는다.

"어? 저 목사님은 우리 세대의 노래를 다 아시네? 말이 통하는데!"

세대별 관심사를 미끼로 말씀을 전하면 누구든 듣는다. 그래서 나는 다음 세대들이 좋아하는 가수들의 이름이나 노래로 개그를 만든다. 복음을 듣게 하기 위한 아이스브레이크Ice break인 것이다.

왜 오늘날 다음 세대들이 교회로 안 들어오지 않는가? 교회에 아이돌 가수 같이 예쁘고 잘생긴 애들이 없어서 안 온다. 씨스타 같은 애들이 찬양단 하면 남학생들이 교회로 몰려 들 것이다. 그런데 교회는 씨스타는 없다.

우리 교회 찬양팀 씨스라를 소개한다! 씨스라! 냄새난다. 씨스라. 땀 냄새 쩔어 있다. 제발 좀 씨스라!

B1A4 같은 남학생들이 나와서 찬양팀을 하면 여학생들 몰려 들 것이다. B1A4가 여학생들에게 "찬양악보 복사해 줄까? 사이즈

는? A4로 해줄까?" 한다면 너나나나 할 것 없이 전부 찬양팀에 지
원할 것이다. 그런데 교회엔 B1A4는 없고 이면지 밖에 없다. '에
이핑크'A-pink는 없고 '에이피그'A-pig로 가득하다. 그러니 눈을 감지!

　내가 가진 복음, 내가 만난 예수님을 어떻게 전할 것이냐가 중요
하다. 전도도 쉽고 간결하게, 설교도 재미있고 실제적으로 전해야
한다. 그래야 복음이 들어가고 복음이 들어가면 삶의 변화가 일어
나는 것이다. 그래서 나는 하늘나라 개그맨, 탤런트가 되기로 결심
한 것이다. 내 성격에 맞는 것이 중요하지 않다. 복음을 전하기 위
해서 나를 바꾸는 것이다. 재미있게 전하려 하지만 진지할 때는 진
지하게 호통 칠 때는 피 토하는 소리로 호통을 친다. 한편의 설교로
웃겼다 울렸다, 생각하게 하고 울게도 한다.

사람들을 웃게 하는 것은 쉽지 않다. 직업 중 스트레스를 많이 받는 직업이 개그맨이다. 개그맨들은 매주 '어떻게 하면 사람들을 웃게 할까?'를 고민하며 사는 사람들이다. 복음 전도자들도 마찬가지로 '어떻게 하면 저들로 복음을 듣게 할까?'를 고민해야 한다. 그 시대 문화와 웃음코드를 제대로 알 수 있는 프로가 개그 프로다. 그래서 나는 개그 프로를 자주 본다. 요즘 뜨는 개그가 무엇인지 정보를 입수하고 개그맨처럼 따라서 연기를 해 본다. 그리고 실전에서 재현을 한다. 개그 연기를 잘하고 못하고는 상관없다. 내가 재미있으면 되는 것이다. 연기를 못하더라도 보는 사람은 재미없어도 재밌게 본다. 재미있으면 정말 재밌게 본다. 함께 호흡하는 것이다.

어떻게 가르칠 것인가?

예수님을 만난 이후 어떻게 하면 복음을 전할 수 있을까 고민하면서 많은 시도들을 해 왔다. 어린이에겐 어린이가 들을 수 있는 복음 전도법으로, 청소년들에겐 청소년들에게 맞는 복음 전도법으로, 청년에겐 청년들이 들을 수 있는 전도법으로, 장년에겐 장년들과 함께 공감할 수 있는 복음 전도법으로 전했다.

'나는 어린이 사역이 안 맞아! 나는 청소년들을 별로 좋아하지 않아서, 나는 어른들이 어려워서 장년사역은 좀 그래!'라는 생각은 자신의 능력에 한계선을 긋는 것이다. 인간에겐 무한한 능력이 잠재되어 있다. 노력하기 나름이다. 기도하며 꾸준히 최선을 다해 노력한다면 못할 일이 없다. 하고자 하는 자에게 하나님은 능력을 주신다.

예수님 주변엔 언제나 사람들로 가득했다. 예수님은 특정인으로 구분 짓지 않으셨다. 연령, 성별, 사회적 수준, 지적능력에 따라 사람을 취하지도 않으셨다. 예수님 곁엔 남녀노소 모두가 함께 했다. 그리고 예수님은 그들에게 하나님 나라를 선포하셨다. 예수님의 설교가, 가르치심이 어땠을까? 어려웠을까, 쉬웠을까? 예수님은 누구나 다 들을 수 있는 쉬운 단어, 비유, 상황들로 말씀을 전하셨다. 그랬을 때 어린이들도 그 자리를 뜨지 않고 예수님의 말씀을 귀담아 들었던 것이다.

교회 강단에서 전하는 메세지는 어린이나 청소년들이나 새 가족들이 듣기에 너무 어려운 종교적 언어나, 신조나 교리는 개인 양육에서 가르치고 쉬운 일상 언어와 사회상황에 따른, 오늘 나에게 적용될 말씀으로 나눈다면 누구나 쉽게 듣고 예수님을 구주로 영접해 그리스도인의 삶을 살게 될 것이다.

예수님의 가르침의 화법은 누구나 다 듣고 이해할 수 있는 가장 쉬운 예화로, 때론 들을 귀가 있는 사람만 들을 수 있는 비유로 말씀을 전하고 가르치고 전도하셨음을 알 수 있다. 모두가 듣기 시작했다. 유스비전캠프에는 유치부 아이들부터 어린이, 청소년, 청년, 장년 모두가 함께 말씀을 듣고 예배를 드리며 함께 기도한다. 그게 가능했던 것은 예수님의 화법대로 했기 때문이다.

길거리 전도

매주 금요일마다 학교 앞 전도를 나간다. 과자와 선물을 한보따
리 챙겨서 수업이 끝날 시간에 맞추어 나가서 기다린다. 요즘 학교
는 교문 앞에서 호객행위나 전도를 하지 못하게 한다. 그래서 교문
에서 조금 떨어진 곳, 아이들이 집으로 가는 길목에서 기다린다.

전도하러 갈 땐 그저 과자나 선물만 가지고 가진 않는다. 아이
들의 관심을 끌기 위해서 아이들이 좋아하는 캐릭터 복장을 하거
나 방송용 카메라를 들고 나가 방송국 취재 나온 것처럼 인터뷰를
한다.

캐릭터 옷으로 완전 변장을 하고 나가면 중고등학생들은 사진
을 찍자고 달려든다. 그러면 함께 사진을 찍으면서 말을 건넨다.

처음 말을 건넬 땐 복음부터 전하지 않는다. 공부는 잘 되는지, 꿈은 무엇인지, 오늘 급식은 뭐가 나왔는지 일상적인 얘기를 꺼내고 그 다음에 교회 얘기와 예수님을 전한다.

어린이 전도도 무조건 과자를 주는 것이 아니라 게임을 한다. 가장 쉬운 가위바위보 게임부터 미리 준비한 게임을 하면서 과자와 선물을 나눠준다. 선물을 줄 때는 꼭 복음을 전한다. 퀴즈를 맞추면 선물을 주는데 퀴즈를 낼 때는 복음을 전할 수 있는 퀴즈로 쉽게 맞출 수 있는 문제를 낸다.

"12월 25일은 무슨 날일까요?"

"크리스마스요. 성탄절요."

"그러면 성탄절은 무슨 날일까요?"

"예수님이 태어나신 날이요."

"그렇다면 예수님은 누구실까요?"

"……"

"예수님은 하나님의 아들이신데 인간들의 죄를 용서해 주시기 위해서 이 땅에 육신으로 오신 하나님이시지. 그 예수님이 여러분의 죄를 위해서 십자가에서 죽으시고 부활하셨어. 그러니 성탄절은 예수님이 여러분을 위해서 죽으시러 오신 날을 기념하는 날이야! 예수님이 널 사랑하신단다. 예수님 믿고 죄 용서 받고 함께 천국 가자!"

전도는 지금 당장 열매를 거두려고만 하는 것이 아니라 뿌리는 것이다. 지속적인 만남을 통해 관계를 맺고 관계를 통한 영혼구령의 연결점을 찾아야 한다. 때가 되면 하나님께서 영혼들을 붙여주신다. 그렇게 해서 한 영혼이라도 구원할 수 있다면 우린 임무를 수행하고 있는 것이다.

길거리에서 만나 전도했던 초등학교 4학년 어린이가 지금은 고등학생이 되어 있고 대학생이 되어 있다. '주님이꿈꾸신교회' 길거리 전도단의 첫 열매들이다. 그들을 보고 있으면 참 행복하다.

> 나는 어느 누구에게도 얽매이지 않은 자유로운 몸이지만, 많은 사람을 얻으려고, 스스로 모든 사람의 종이 되었습니다. 유대 사람들에게는, 유대 사람을 얻으려고 유대 사람같이 되었습니다. 율법 아래 있는 사람들에게는, 내가 율법 아래 있지 않으면서도, 율법 아래에 있는 사람을 얻으려고 율법 아래 있는 사람같이 되었습니다. 율법이 없이 사는 사람들에게는, 내가 하나님의 율법이 없이 사는 사람이 아니라 그리스도 의 율법 안에서 사는 사람이지만, 율법 없이 사는 사람들을 얻으려고 율법 없이 사는 사람같이 되었습니다. 믿음이 약한 사람들에게는, 약한 사람들을 얻으려고 약한 사람이 되었습니다. 나는 모든 종류의 사람에게 모든 것이 다 되었습니다. 그것은, 내가 어떻게 해서든지, 그들 가운데서 몇 사람이라도 구원하려는 것입니다. 나는 복음을 위하여 이 모든 일을 하고 있습니다. 그것은 내가 복음의 복에 동참하기 위함입니다. _새번역 고린도전서 9:19-23

5.

씨유파티 _{See you Party}
-학교를 정복하라!

학생들을 가장 많이 만날 수 있는 장소는 학교다. '호랑이를 잡으려면 호랑이 굴로 들어가라'는 말처럼, 학교를 정복하기 위해선 학교로 들어가야 한다. 학생들을 매주 만나기 위해서 학교에서 진행할 수 있는 '씨유모임' _{see you} 을 만들었다.

씨유모임은 점심시간이나 석식시간을 이용해서 학교에 들어가 학생들을 만나 비전과 삶을 공유하면서 하나님의 나라와 복음을 전하는 모임이다. 이 모임을 진행하기 위해선 학교에 다니는 학생이 필요하다. 교회에 학생회가 있다면 어느 교회든 다 할 수 있는 모임이다.

씨유모임을 하려면 먼저 우리 교회에 다니는 학생들에게 씨유모임이 무엇인지, 왜 씨유모임을 학교에서 해야 하는지에 대한 필요성을과 알려줘야 한다. 요즘 학생들은 교회에 오라고 하면 학원 가야 하고 바쁘다는 핑계와 교회에 대한 흥미가 없어서 교회에 나오지 않는다. 교회보다는 세상이 더 재미있고 좋기 때문에 굳이 교회에 나와서 재미없게 시간을 버릴 이유가 없는 것이다. 교회는 교회를 다니지 않는 아이들에게 교회에 대한 흥미를 가지게 해야 한다. 그러려면 교회로 오라고 하기 보단 학생들이 생활하는 장소로 찾아가야 하는 것이다.

씨유모임을 위해 학교로 들어가기 전 서너 달 동안 복음에 대해서, 전도에 대해서 가르친다. 아이들에게 직접 가르쳐서 전도하라고도 하지 않았다. 그저 학교담당 디렉터(교역자, 교사, 리더)가 학교에 직접 들어가서 친구들을 만날 테니 친구들만 모아두라고 지시한다. 그리고 그 모임을 위해서 교회에선 지속적으로 기도를 한다.

새 학기가 시작하기 전 방학기간에 씨유모임에 대한 교육을 하고 새 학기가 시작되면 친구 서너 명을 사귀게 한다. 친구들 중에는 교회를 다니는 친구도 있고 교회를 다니지 않는 친구들도 있다. 씨유모임엔 누구든 다 참여할 수 있다.

장소는 학교 빈 교실, 음악실이나 과학실 등을 이용한다. 교실을 이용할 때는 담당 선생님이나 신앙생활을 하는 선생님께 도움 요청을 받아 교실을 사용할 수 있도록 허락을 받으면 더욱 좋고 만약 교실을 사용할 수 없다면 학교 운동장이나 등나무가 있는 곳 등 모임을 할 수 있는 장소를 물색해서 모이면 된다.

모임 시간은 주중 점심시간과 석식시간을 이용하는데 학생들이

밥을 먹고 오면 남은 시간이 20분 정도 밖에 되지 않기 때문에 식사 시간을 다 이용하는 것이 모임을 갖는 데 효과적이다. 그러려면 식사를 대신할 만한 것을 준비해서 가야 한다.

나는 아내와 함께 씨유모임을 하면서 아이들에게 줄 참치 주먹밥과 김밥을 싸서 학교로 들어갔다. 지금은 주먹밥 가게가 많이 있지만 처음 씨유모임을 시작했던 2000년에만 해도 주먹밥은 먹을 기회가 없었다. 씨유모임을 위해서 매주 주먹밥과 김밥을 200개씩 만들었다. 그때 얼마나 많은 김밥과 주먹밥을 만들었는지 지금은 김밥과 주먹밥은 먹지도 않는다.

처음 두세 명으로 시작한 씨유모임이 100명이 넘는 학교도 있었고, 너무 많은 학생들이 모이는 바람에 준비해간 주먹밥이 모자라 학생들이 그냥 돌아가야 하는 경우도 많이 있었다. 그 후론 아예 모임 인원을 제한하기도 했다.

학생들과 정한 시간과 장소에 가면 수업이 끝나고 학생들이 하나둘씩 들어온다. 처음엔 김밥 주고 피자 주고 주먹밥 준다고 하니까 그것 먹으려고 오는 아이들도 많이 있었다. 먹는 시간만큼은 내 이야기를 들어야 하기 때문에 나는 그 시간을 이용해 아이들과 교제를 하고 얼굴을 익히면서 친밀함을 쌓는다.

"애들아, 안녕. 반갑다. 잘 지냈니? 오늘은 무슨 특별한 일 없었니?"

아이들이 모임장소로 들어오는 대로 먹을 것과 모임 지를 나누

▲ 광북고 씨유모임

어 준다. 그러면 아이들은 먹으면서 모임지에 쓰여 있는 글을 읽어 본다. 일상적인 이야기로 아이들과 대화를 하고 식사가 다 마쳐질 때가 되면 미리 준비해 간 나눔 지의 주제 글을 함께 읽게 한다. 나는 칠판에 큰 글씨로 하고 싶은 주제 단어를 쓴다.

나눔 지에는 예수님을 믿으라는 이야기가 없다. 청소년기에 궁금한 이야기, 그들의 관심사, 그 주에 있었던 특별한 사건들, 진로에 관한 이야기, 꿈, 종교 등 다양한 주제로 모임 지를 만든다. 특히 청소년들은 연예인들이나 방송이야기를 좋아한다. 그래서 난 그 주에 이슈가 되었던 방송가의 얘기로 말문을 튼다. 그러면 아이들은 집중을 한다.

그렇게 한 이십 분 정도 아이들에게 주제를 던져 주고 생각하는 시간을 갖게 한다. 그리고 마지막엔 다 함께 부를 수 있는 찬양을 하고 내가 축복기도를 해준다. 그러면 아이들은 인사를 꾸벅하고 돌아간다.

두 달 정도는 학생들과 만남의 시간을 갖는 걸로 보낸다. 시간이 지나면 아이들이 먼저 찾아와서 인사를 건넨다. 아이들과 관계가 어느 정도 깊어지면 그때부터 영적인 세계에 대해서, 하나님에 대해서, 바른 꿈에 대해서 진지하게 나눈다. 그러면 아이들은 질문도 하며 관심을 보이기 시작한다.

다른 교회를 다니고 있는 학생은 친구 교회 목사님이 먹을 것을 들고 학교로 들어와서 학생들과 재밌게 얘기를 나누고 하나님에 대해서 이야기하는 모습을 보고 친구가 다니는 교회는 어떤 교회일까 궁금해서 예배에 찾아오는 학생도 있었다.

학생들과 관계 맺기가 어느 정도 진행되면 1년에 두 차례, 방학하기 전에 씨유파티를 연다. 씨유파티는 씨유모임에 참여하고 있는 학생들에게 교회를 올 수 있는 특별한 시간을 마련해 주는 것이다. 씨유파티는 우리 교회 다니는 학생들이 반별로 아니면 학교별로 찬양, 꽁트, 워십 등을 준비하고 맛있고 푸짐한 뷔페와 참석자들에게 미리 준비한 선물을 주는 친구초청파티이다.

씨유파티를 위해서 한 달 동안 학생들은 잘 준비하고 초대장도 만들어서 친구들에게 정식으로 파티에 초대한다. 장소는 교회에서 할 수도 있고 카페나 학생들이 편안하게 모일 수 있는 공간이라면 어디든 좋다. 카페는 2시간을 미리 단체 예약하면 사용할 수 있다. 시에서 운영하는 문화센터 공연장을 이용해서 할 수도 있다. 그런 장소는 교회라는 부담감을 갖는 친구들이 오기엔 적절한 장소가 된다.

모임 장소에는 데코레이션을 예쁘게 하고 환영팀이 방문하는 친구들을 기쁘게 맞이해 준다.

레크레이션으로 마음 문을 열고 쉽게 따라 부를 수 있는 찬양으로 함께 찬양을 한다. 그리고 미리 촬영한 환영 영상메세지를 보여 준다. 그리고 맡은 순서를 따라 진행을 한다. 아이들이 좋아하는 가요를 개사해서 노래를 부르거나 춤을 추는 것은 학생들의 관심을 모으는데 아주 효과적이다. 물론 너무 야하거나 난잡한 노래와 춤은 배제한다. 그리고 이삼십 분 정도 되는 연극을 준비해서 메시지를 대신한다. 모든 순서가 끝나면 나는 앞에 나가 인사를 하고 축복하고 격려하는 말과 함께 참석한 학생들에게 축복송을 불러 준다.

교회에서 친구들이 준비한 파티에 왔는데 설교도 안하고 기독교적인 의식도 없이 편안하게 즐기고 먹고 웃다가 간다. 그런데 놀라운 것은 씨유파티가 끝나고 나면 그다음 주부터 씨유파티에 참석했던 학생들이 교회에 나온다.

씨유모임은 비신자 전도모임이다. 한 학기 동안 집중적으로 관계 맺기를 하고 그들을 씨유파티로 초청해서 하나님의 사랑을 보게 하고 복음을 듣게 하는 것이다. 12명으로 시작했던 청소년 사역이 200명이 되는 사역이 될 수 있었던 것은 다음 세대들과 함께

했기 때문이다. 그들의 문화로 들어갔기 때문이다. 그들을 이해했기 때문에 그들은 마음을 열고 하나님께로 나올 수 있었던 것이다.

한 학생에게서 만나자는 연락이 왔다. 단국대학교 실용음악과 3학년이란다. 이 학생은 고등학교 3학년 때 내가 학교에 들어가서 씨유모임을 했을 때 만났던 학생이다. 씨유모임을 하려고 학교 음악실에 갔는데 이 학생이 피아노를 치고 있었다.

"피아노 잘 치네. 꿈이 뭐니?"
"저는 음악 치료사가 되는 것입니다."
"그래? 멋진 꿈이다. 꼭 그렇게 될거야! 힘내라! 홧팅!"
"감사합니다."

이 학교는 학군이 그리 좋은 학교가 아니었다. 그 지역에서도 하위에 속한 학교였기 때문에 대부분의 학생들은 소망도 비전도 없었다. 공부하는 것 보단 연애를 하거나 노는 것에 관심이 많았다. 그런데 모르는 목사가 학교에 들어와서 씨유모임을 하고 먹을 것을 나눠 주고 꿈과 소망에 대한 이야기를 해주니 그 이야기를 들으면서 꿈이 생겼다는 것이다.

그 학교에서 2008년 3월에 시작해 12월까지 씨유모임을 인도했고 2009년 개척을 하면서 그 지역을 떠나왔다. 그리고는 그 학교에 들어가질 못했다. 그리고 3년 후, 그 학생에게서 연락이 온 것이다.

어느 날 학교 선배 페이스북에 우연히 들어갔는데 거기에 '장용성'이란 이름으로 댓글이 써 있는 것을 발견하고 선배에게 자기가 고등학교 다닐 때 '장용성 목사님'이란 분이 학교에 들어오셔서 말씀을 나눠주고 하셨는데 그때 꿈을 가지게 되어 열심히 공부해 실력을 쌓아 대학교에 들어갈 수 있게 되었다고 했다. 이름이 똑같아서 '혹시 자기가 알고 있는 그 목사님이신가' 궁금해서 물어봤다는 것이다. 그렇게 다시 3년 만에 그 친구를 만나게 되었다. 자기가 꿈을 가지고 음악치료사의 길을 걸을 수 있게 된 것에 감사해서 식사를 대접하겠다며 식당을 잡아 만남을 가졌다.

어느 중학교에선 학생들의 모임이 커지면서 우리 교회 학생이 교무실로 불려가 선생님들 앞에서 무시를 당하고 모임을 하지 말라는 경고를 들어 내 차안에서 몰래 만나기도 했다. 지금은 그 학생이 전도사가 되어 있다.

한번은 석식시간에 학생들을 만나러 학교에 들어가는데 교감선생님이 나를 부른다. 교무실로 갔더니 뭐하는 사람이냐고 묻는다. 그래서 나는 "청소년 사역자입니다." 했더니 '사역자'란 말을 이해 못해서 청소년사역이 무엇이냐며, "청소년들에게 일 시키는 사람이냐"고 하면서 "잡상인은 학교에 들어올 수 없다"며 추방시켰다. 졸지에 잡상인이 되었다.

나는 포기하지 않고 리더학생에게 모임을 이끌 수 있도록 지도하고 정해진 시간에 먹을 것을 한가득 담아 학교로 갔다. 그리고 학교 담장 밖에서 학생들에게 먹을 것을 건네고 난 담장 밖에서 아이들을 만나 대화를 나눴다. 견우와 직녀가 된 것이다. 그렇게 해서 세워졌던 아이들이 지금은 교회에서 교사로, 사역자로 잘 섬기고 있다.

전도는 찾아가는 것이다. 관계전도를 통해서 영혼을 찾아내어 구원하는 것이다. 시대가 바뀌어도 결코 포기하지 말아야 할 것은 영혼 구원이다. 영혼을 구원할 수만 있다면 수단과 방법을 가리지 않고 계속해야 한다. 그것이 주님 오실 길을 예비하는 것이다.

인자는 잃은 것을 찾아 구원하러 왔다. _새번역 누가복음 19:10

6.

가난한 목사
부자^{父子} 이야기

다음 세대 사역은 배고픈 사역이다. 누리기보다는 포기해야 하고 줄 것이 많은 사역이다. 다음 세대 사역에 꿈을 가진 사역자들이 처음엔 열정과 의지로 이 사역에 뛰어든다. 그저 아이들이 좋아서 뛰어든다. 하지만 현실은 녹녹치 않다.

항상 굶주림과 싸워야 하고 아이들의 투정과 반항도 다 받아줘야 한다. 금새 변화되어 하나님을 위해 충성할 것 같았던 아이들이 언제 그랬냐는 듯이 뒤돌아보지도 않고 떠나기도 한다.

다음 세대 사역은 돈이 되는 사역이 아니다. 그렇다 보니 처음엔 사명감과 열정으로 뛰어들었다가 1년, 2년 길게는 5년, 10년 하다가 포기한다. 다음 세대 교회를 개척했다가 재정이 어려워 사역을 그만 두기도 하고, 아니면 대부분 장년 중심의 사역으로 방향을 돌린다. 다음 세대 20명 있는 것 보다 장년 5명 있는 것이 재정적 보탬이 되기 때문이다. 결국 둘 다 실패하는 경우를 본다.

다음 세대 사역에서 가장 중요한 것은 그들의 필요를 채워주는 것이다. 작은 것 하나, 입에 뭐라도 물려줘야 그들은 듣는다. 들었다고 그다음 날부터 교회 나오고 예배생활을 하는 것도 아니다. 안 나와도 계속 물려주어야 한다.

다음 세대 사역을 5년 정도 하니까 학생들이 늘었다. 학생만 늘어난 것이 아니라 빚도 함께 늘었다. 그 빚을 갚기 위해 대출을 받기도 했다.

다음 세대 사역은 '자상면 사역'이었다. 양육하면서 자장면 사주고, 예배 끝나면 자장면 사주고, 운동하고 나면 자장면을 사줬다. 자장면은 참 좋은 음식이다. 한 그릇에 2천 원, 2만 원으로 10여 명의 아이들을 푸짐하게 먹일 수 있다.

고등학교 때부터 나에게 자장면을 얻어먹고 자란 청년이 어느 날, 맛있는 중국집이 있는데 내가 좋아하는 탕수육을 사주겠다며 중국집으로 불렀다.

"목사님, 뭐 드시겠어요? 일단 탕수육 한 개 시키고…"
"난 자장면, 넌 뭐 먹을래?"
"전 짬뽕이요!"
"넌 자장면 안 좋아하니?"
"예, 고등학교 때 목사님이 거의 매주 자장면을 사 주셔서 그때 이후론 자장면을 안 먹습니다."

"나의 자장면 사역이 한 사람의 음식문화를 바꿔 놓았구나!"

많이 먹이긴 했나 보다. 요즘도 학생들이 배고프다고 하면 "자장면 먹으러 갈까?"하면 아이들은 좋다고 소리친다. 내 눈은 '어디 맛있고 싼 자장면집이 없나?' 길거리 음식점으로 향한다.

학생들은 수시로 사택에 들어와서 냉장고를 뒤진다. 먹을 것이 보이면 그 자리에서 다 먹어치운다. 그리고 하는 말이

"목사님, 제가 나중에 돈 많이 벌면 냉장고 가득 채워 놓겠습니다."

이렇게 말했던 녀석들 가운데 지금은 교회 나오지 않는 녀석들도 있다. 그렇다고 원망하지 않는다. 내가 좋아하는 아이스크림을 말도 없이 다 먹었어도 결코 원망하지 않는다. 내게 돌아올 것을 기대하고 하는 사역이 아니었기 때문이다. 요즘도 마트에 가면 70 퍼센트 할인하는 아이스크림을 한 봉지 가득 사서 언제든지, 누구든지 먹으라고 냉장고에 채워둔다.

개척을 했더니 그땐 정말 돈이 더 없었다. 개척 멤버가 있는 것도 아니고, 재정후원이 있는 것도 아니고, 아무런 대책도 없이 하나님이 말씀해 주신대로 개척을 했다.

사람들이 '개척교회'하면 재정이 어렵다는 생각을 많이 한다. 개척교회를 다니면 헌금을 많이 해야 할 것 같고 봉사도 많이 해

야 할 것 같다는 생각 때문에 개척교회를 꺼려하는 사람들도 있다. 그래서 난 처음부터 '자비량 목회'를 하기로 마음먹었다.

바울이 성도들에게 부담도 주지 않고 사역에 있어서 떳떳하게 복음을 전하기 위해서 텐트사업을 하면서 복음 선교사역을 감당했던 것처럼 나 또한 그렇게 했다. 주보에 이렇게 써 놓았다.

"교회 처음 나오신 분이나 새 가족은 헌금하실 의무가 없습니다. 말씀을 통해 은혜 받고 하나님을 만나시길 바랍니다."

2009년 1월 개척했을 때, 7살 된 딸과 1월 29일에 태어난 아들이 있었다. 가장 돈이 많이 들어가는 시기이다. 그런데 개척교회 목사가 무슨 돈이 있겠는가?

새벽기도를 마치면 공사현장에 가서 하루 종일 일을 하고 피곤한 몸으로 집으로 돌아온다. 전도사 시절에도 공사현장에서 일을 많이 했었다. 인테리어, 목수, 페인트, 철근, 잡부 등 용역시장 일만 해도 몇 년을 했었기 때문에 목회하면서 일을 하는 것이 어려운 일이 아니었다.

저녁과 주말엔 교회사역을 하고 또다시 월요일엔 현장으로 나갔다. 일터에서 일하는 성도들과 함께 똑같은 생활을 했다. 목회자가 사회를 경험하지 않으면 성도들이 얼마나 어렵게 생활하면서 신앙생활을 하는지 알지 못한다. 성도들의 삶을 몰라 '교리적'으로 책망하고 '믿음 없다' 판단하고 정죄할 때가 많다. 목회자들도 사회생활을 반드시 경험해 볼 필요가 있다. 예수님도 30년 동안 목수의 일을 하셨던 것처럼 목회자들이 사회생활을 꼭 해 보기를 바란다. 경험해 보지 않고 판단하고 정죄하는 실수를 해서는 안 된다.

현장에서 몇 달을 열심히 일했더니 하나님께서 "이제 됐다. 그만 해도 된다." 말씀해 주셔서 중단하고 목양하는 일에 집중했다.

"없어, 비싸, 나중에."

아이들이 요구하는 것을 한 번도 제대로 사줘본 적이 없었다. 가격 다 따져보고 생각하고 생각하다 그냥 돌아오는 경우도 많았다. 딸이 6살 되었을 때 인라인 스케이트를 사달라고 했었는데 그때도 난 비싸다는 이유와 지금 타기엔 위험하다는 핑계로 사주지 않았다.

7살이 된 어느 날, 딸이 유치원에서 다음 날 인라인 스케이트 수업이 있다며 준비물로 가져오라고 했다는 것이다. 어쩔 수 없이 사줘야 하는 상황이 된 것이다. 그래서 그날 딸을 데리고 마트에 갔다. 인라인 매장에 갔더니 가격대별로 진열이 되어 있었고 내 발길은 저절로 제일 싼 인라인 진열대 쪽으로 향했다.

"혜림아, 이거 예쁘지? 이거 살까?"
"……"

별로 맘에 들어 하지 않는다. 딸 눈에도 싼 티가 나나 보다. 혜림이의 눈은 비싼 쪽을 향해 있고 그 쪽으로 걸어간다.

"혜림아, 이거 어때? 괜찮지 않아? 아빠가 보기엔 이게 좋을 것 같은데."

어느새 혜림이는 15만 원을 훌쩍 넘는 인라인 앞에 서 있었다. 고양이 그림이 그려진 인라인에서 눈을 떼지 못하고 만지작거리고 있다.

"아빠, 난 이것 갖고 싶어. 이거 사줘."

속으로 '15만 원, 이 돈이면…' 난 다시 딸의 손을 잡고 처음 봤던 진열대로 향했다.

"혜림아! 다시 한 번 이거 봐봐, 이것도 분홍색이야, 색깔도 같고 혜림이가 봤던 것은 너무 비싸, 아빠 생각엔 이것이 나을 것 같아."

혜림이는 미련을 못 버렸다. 여전히 15만 원이 넘는 인라인에 마음을 빼앗겼다. 10분 정도 진열대 앞에서 왔다 갔다 하면서 상품을 만지작거렸다.

"아빠, 그냥 이거 살래, 아빠가 골랐던 인라인, 이거 사줘."
"그렇지? 이것도 괜찮지? 잘 생각했어."

인라인과 안전장비를 구입하고 딸을 집에 데려다 주고 난 다음, 나는 성도들을 양육하기 위해 광명으로 가고 있었다. 가는 길에 소원이었던 인라인을 산 혜림이 기분이 어떨까 해서 집에 있는 아내에게 전화를 했다.

"혜림이 맘에 들어 해? 뭐라고 해?"
"맘에 든대, 그런데 혜림이가 진짜 맘에 든 것은 안 샀대. 아빠가 고른 것을 샀대."

왜 이걸 샀냐고 물어봤더니

"싸서 샀어."
"…"

7살 된 아이 입에서 나온 말은 "싸서 샀어"란 말이었다. 그 말을 듣는데 마음이 요동치기 시작했다. 나는 지금 성도들 양육하겠다고 저녁 7시에 집을 나서서 밤 12시가 되어서야 집으로 돌아오는데 정작 자식들을 위해선 좋은 것 하나, 맘에 드는 것 하나 사 줄 수 없는 '목사 아빠'란 생각에 마음이 무거웠다.

양육을 서둘러 끝내고 집으로 돌아와 아까 샀던 인라인과 장비를 다시 챙겨서 마트로 갔다. 12시에 매장 문을 닫기에 10분 전에 도착해야만 했다. 하지만 이미 인라인 매장은 문을 닫았다.

다음 날 아침 10시에 마트 문을 여는 시간에 대기하고 있다가 문을 열자마자 인라인 매장으로 달려갔다.

"교환하러 왔습니다. 21만 원짜리 제품으로 바꾸겠습니다."

딸이 처음부터 사고 싶었던 인라인으로 교환했다. 그리고 유치원으로 달려가 딸의 손에 쥐여줬다. 딸이 환하게 웃는다.

5살 된 아들 한결이는 내가 차량운행만 하면 따라 나서는 것을 좋아한다.

"한결인 커서 뭐 하고 싶어?"
"아빠처럼 나도 차량운행 할래!"
"……"

남양주에 사시는 성도님이 4살 된 아이를 데리고 전교인 체육대회에 참여를 하셨다. 체육대회가 끝나고 대중교통으로 남양주까지 가신다기에 차량운행을 해드린다고 했더니 한결이도 따라 나선다.

한결이는 피곤했는지 차를 타자마자 골아 떨어졌다. 1시간을 달려 성도님이 사시는 남양주에 모셔다 드리고 돌아오는데 이미 저녁시간이 되었다. 가는 길에 고속도로가 막힐 것을 예상해서 밥을 먹고 가야겠다는 생각이 들어 자고 있는 한결이를 깨웠다.

"한결아, 너가 좋아하는 갈비탕과 돈가스가 있는데 뭐 먹을래?"

흔들어 깨웠지만 한결이는 비몽사몽이다. 눈을 뜨지 못한다. 그래도 계속 흔들어 깨우면서 물었다.

"한결아, 갈비탕과 돈가스 중 뭐 먹을 거야?"

한결이가 간신히 눈을 떴다.

"… 뭐가 싼대?"

그 말 한마디하고 다시 잠이 들었다.
비몽사몽인 5살 아이의 입에서 "뭐가 싼대?"란 말이 나오는 것을 보면서 차창 밖으로 비친 붉은 노을만큼이나 내 마음이 빨갛게 달아올랐다.
왜 이렇게 마음이 아픈지, '이게 개척교회 목사의 현실인가?'
내 가족을 위해서는 많은 것을 못 사주는데 학생들을 위해서는 질리도록 사주고, 성도들을 위해서는 아낌없이 쓰는 내 모습을 보면서 깊은 고민을 하게 되었다.

우리 가족은 구멍 난 가족이다. 속옷이 다 구멍 나 있다. 하루는 아빠, 엄마, 딸, 아들이 입고 있는 속옷이 다 구멍 나 있었다. 그때부터 우린 구멍 난 가족이라며 우리끼리 웃으면서 대화를 했다.

나를 위해 쓰는 것 보다 교회 가족들을 위해 쓰는 것을 더 즐거워했다. 육신의 가족보다 영의 가족들을 위해 돈을 더 많이 썼다. 아깝다 생각해 본 적은 없다.

예수님께서 나를 위해 모든 것을 주신 것처럼 하늘가족을 위해 아낌없이 쓰는 것은 당연한 것이라 생각했다. 초대교회가 자기 물건을 다 팔아 사도들의 발 앞에 놓았던 것처럼, 서로의 물건을 서로 통용했던 것처럼, 이 모습이 교회이다.

다음 세대 사역은 굶는 사역이라고들 한다. 다음 세대 사역뿐이겠는가? 개척교회, 미자립교회 사역도 마찬가지다. 다음 세대 사역을 꿈꾸는 이들이 찾아오면 나는 조언을 해준다.

"굶어도 가겠는가? 환영받지 못해도 가겠는가? 끊임없이 줘야 하는데도 가겠는가? 그렇다고 당장 열매가 보이지 않는데도 가겠는가? 먹고 사는 것이 고민이 된다면 절대로 뛰어 들지 말라. 혹여, 장년사역이 잘 되어도 다음 세대 사역만큼은 절대 포기하지 않겠다면 가라."

▲ 히스기야 터널, 실로암 못 앞에서

베푸는 것이 삶이 된 엄마와 아빠를 닮은 혜림이와 한결이가 좋은 것만 있으면 사람들에게 나눠 준다. 우린 가난함을 선택했지만 하나님은 우리에게 필요한 것들을 채워 주셨다.

모든 소유를 버리고 따라왔던 제자들에게 예수님은 물으셨다. "너희가 나를 따라 왔을 때 부족함이 있더냐?"[15] 제자들은 대답한다. "부족한 것이 없었습니다." 제자의 삶이란 다 버리고 다 포기하는 삶이다. 부모, 형제, 아내, 자식 보다 하나님이 제일 우선순위인 삶이다. 그래서 가족들에겐 미안하고 그들 앞에선 한 없이 작아지는 삶이다.

남에게 주어라. 그리하면 하나님께서도 너희에게 주실 것이니, 되를 누르고 흔들어서, 넘치도록 후하게 되어서, 너희 품에 안겨 주실 것이다. 너희가 되질하여 주는 그 되로 너희에게 도로 되어서 주실 것이다. _새번역 누가복음 6:38

15) 누가복음 22:35 예수께서 제자들에게 말씀하셨다. "내가 너희를 돈주머니와 자루와 신발이 없이 내보냈을 때에, 너희에게 부족한 것이 있더냐?" 그들이 대답하였다. "없었습니다."

7.

세월호가 침몰한 것이 아니라
교회가 침몰했다

2014년 4월 16일은 대한민국 국민 모두를 충격과 비통에 빠지게 한 날이다. 오전 8시 50분경 전라남도 진도군 조도면 부근 해상에서 청해진 해운 소속의 인천발 제주행 연안 여객선 세월호가 476명을 태우고 가다가 전복되어 침몰하여 172명이 구조 되고, 295명은 사망, 9명이 실종된 사건이 발생했다.

국민의 가슴을 더욱 아프게 했던 것은 탑승자 중 325명이 수학여행을 떠난 안산단원고등학교 2학년 학생들과 교사 14명이었다는 것이다.

아침부터 모든 방송은 세월호 침몰에 대해서 속보를 하고 있었다. 처음엔 '도대체 무슨 일인가?' 하며 TV 앞에 시선을 고정하다 다음 안내 방송에 그나마 안심했다. "전원구출"이란 자막과 뉴스 진행자들이 탑승자 전원을 구출했다고 보도했다.

그런데 안심도 잠시, 전원구출이 아니라는 정정보도를 했다. TV에선 긴급하게 구조 활동이 진행되는 듯한 영상을 보여 주며 구출에 힘쓰고 있다는 보도가 계속 나왔다. 소식을 접한 전 국민은 자리를 뜰 수 없었고 한 시간, 두 시간이 흐르는 동안 뉴스 속보에 눈과 귀를 기울였다. 시간이 흐르면 흐를수록 뭔가 잘못되어 가고 있다는 것을 느낄 수 있었다. 점점 배는 기울어져 가고 있는데 구조되는 인원은 없었다. 그나마 구조된 인원이 승무원 23명, 단원고학생 75명, 교사 3명, 일반인 71명, 총 172명만이 구조되었다. 그게 전부였다.

세월호 침몰이 국민의 마음을 더 아프게 하고 분노케 했던 것은 탑승객을 책임져야 할 선장이 제일 먼저 배와 탑승객을 버리고 탈출했다는 것이다. 최초 사고 신고도 단원고 학생이 전남 소방본부 119에 신고를 한 것이다.

"살려주세요. 배가 침몰하고 있어요."

배가 침몰하는 가운데도 안내방송은 움직이지 말고 그 자리에 그대로 있으라는 방송뿐이었다. 아이들은 어른들의 말을 듣고 그대로 멈췄다. 어떤 아이들은 마지막 일수도 있겠다는 생각에 핸드폰으로 기울어진 자신들의 모습과 공포에 떨고 있는 친구들의 모습을 찍으면서 사랑하는 가족들에게 마지막 인사를 남기기도 했다.

정말 그 시간이 그렇게 마지막이 될 줄은 몰랐던 것이다.

다음 세대들은 참 순수하다. 아무리 세상이 악해지고 중2병이니 뭐니, 청소년들이 타락하여 도덕과 윤리가 무너졌다 해도 위험한 상황이 닥치니 어른들이 시키는 대로 다 순종한다.

그 순간 차라리 무책임한 어른들의 말을 듣지 않았더라면 더 많은 아이들이 살아 돌아왔을 텐데, 살겠다고 도망친 어른들의 말을 들은 아이들은 영영 돌아오지 못했다.

리더가 얼마나 중요한가? 어떤 리더를 만나느냐에 따라 살 수도 있고 죽을 수도 있다. 영혼을 사랑하고 영혼을 위해 자신의 목숨까지 내어주며 양들을 살리는 목사, 교사, 리더를 만나면 그 양은 죽음의 길에서 살아 돌아올 것이지만, 자신의 사리사욕을 위해 물에 떠내려가는 영혼들을 보면서도 뒤돌아보지 않은 채 도망가는 목사와 교사, 리더를 만나면 살릴 양도 죽이고 만다.

선한 목자인지 삯군 목자인지는 위기를 만나면 알 수 있다.

나는 선한 목자이다. 선한 목자는 양들을 위하여 자기 목숨을 버린다. 삯꾼은 목자가 아니요, 양들도 자기의 것이 아니므로, 이리가 오는 것을 보면, 양들을 버리고 달아난다. ─그러면 이리가 양들을 물어가고, 양떼를 흩어 버린다. ─ 그는 삯꾼이어서, 양들을 생각하지 않기 때문이다. _새번역 요한복음 10:11-13

인자는 섬김을 받으러 온 것이 아니라 섬기러 왔으며, 많은 사람을 위하여 자기 목숨을 몸값으로 치러 주려고 왔다. _새번역 마태복음 20:28

예수님은 많은 사람을 살리기 위하여 자기 목숨을 대신 몸값으로 치러 주시려고 오셨다.

나는 세월호 침몰을 보면서 몇 가지 의문점과 분노가 일어났다. 사고 소식이 전해졌을 때 정부는 무엇을 했는가, 한국 교회는 무엇을 했는가!

수많은 사람의 생명이 달린 대형 사고였는데 사고를 대처하는 정부의 모습을 보면서 과연 사람을 살리겠다는 것인지, 아니면 죽기를 기다리는 것인지 의심이 들었다.

나는 정치꾼이 아니고 목회자이기에 정치에 대한 이야기는 깊게 할 수 없지만, 다음 세대 사역을 하는 나로선 그 상황을 지켜보면서 분노하지 않을 수 없었다. 말도 안 되는 개인적인 생각이겠지만 이런 생각을 해 봤다.

세월호에는 대부분 생계를 위해 하루하루 살아가는 분들, 그리고 어린이, 청소년들이 대부분이었다. 거기엔 누구하나 힘 있는 자가 타고 있지 않았다.

만약, 세월호에 안산 단원고 학생이 아닌 강남 대치동 고등학생들이 타고 있었다고 한다면 어땠을까? 물론, 강남 대치동 학생들이 세월호 같은 배를 탈 리는 없겠지만 만약 대치동 아이들이 세월호를 타고 가다가 그런 사고를 당했다고 한다면 배가 그대로 침몰하도록 내버려 뒀을까?

2013년 11월 16일 아침 L기업 전용헬기가 서울 삼성동을 비행하다 안개로 인해 항로를 이탈하고 인근 고급아파트에 충돌해서 기장과 부기장이 숨지고 아파트가 부서지는 일이 벌어졌다. 이때 해당 구청에서는 아파트 주민들을 위해 특급호텔을 임시숙소로 제공했다. 체육관이 아닌 호텔에서!

만약, 세월호에 국회의원의 자녀들이 타고 있었다고 한다면 어떻게 했을까? 물론 이들도 세월호는 타지 않았을 것이다. 더 나아가 대통령의 가족들이 세월호에 타고 있었다고 한다면 어떻게 했을까? 그대로 한 시간, 두 시간 내버려 뒀을까?

문제는 그 배 안에는 가난한 서민들과 힘없는 단원고 학생들이 타고 있었다는 것이다. 그들은 아무런 힘이 없는 강도 만난 사마리아인이었고 고아와 과부였던 것이다.

한국 교회는 그 사건을 접했을 때 무슨 일을 했는가?

어느 대형기관의 기관장이었던 목사는 "돈 없고 가난하면 설악산이나 가지 왜 배 타고 제주도 가다가 이런 사단이 났느냐"는 막말을 하는가 하면, 어느 대형교회 목사는 주일예배 때 "한국 교회가 타락하니 하나님께서 아이들을 죽여서라도 회개케 하시려는 하나님의 뜻이었다"는 식의 망언을 하고 있는 것을 보면서 화가 치밀어 올랐다.

목사가 아니라 독사들이다. 힘없는 아이들을 죽여서 타락한 한국 교회를 깨닫게 하시는 하나님이라면 나는 그런 하나님 믿지 않겠다.

적어도 내가 믿는 하나님은 어린 아이, 연약한 자, 가난한 자, 병든 자를 도우시고 살리시는 하나님이지 어린 아이를 희생 제물로 삼아 어른들을 살리시는 노망난 하나님은 아니시다.

한국 교회를 이끌어가고 있는 기성세대들의 잘못된 이런 신앙과 가치관이 젊은이들을 교회에서 더 떠나게 만들고 있다. 가나안 성도를 누가 만들었는가?

안산의 어느 한 대형교회 목사는 어른들의 잘못으로 아이들이 희생을 당했다며, 도무지 설교할 수도 없고, 설교할 자격도 없다며 강단에서 내려오셨고 한동안 설교를 하지 않았다고 한다.

세월호가 침몰하면서 한국 교회는 때 아닌 철야기도와 금식, 새벽기도, 회개 바람이 불기 시작했다. 누구를 위한 기도였을까? 한국 교회는 누구를 위하여, 무엇을 위하여 기도했을까?

많은 성도들이 어둡고 차디찬 세월호에 갇힌 아이들을 살려 달라고 기도했을 것이다. 나 또한 불쌍한 아이들을 생각하면서 한 명이라도 더 살려달라고 기도했다. 지도자들에게 지혜를 달라고 기도했다.

느닷없이 한국 교회를 뜨겁게 달군 기도의 향연, 과연 이들의 기도는 옳은 기도였을까? 무엇을 살려 달라는 기도였을까? 꽃도 다 피워보지 못한 청춘들이 죽어가니 불쌍해서 육신을 살려달라는 기도였을까, 아니면 예수님을 알지 못하여 죽어가는 많은 영혼들을 생각하면서 그 영혼을 살려 달라고 하는 기도였을까?

물론 육체도 살아야 영혼도 살릴 수 있는 기회가 있을 것이다. 그러나 이보다 더 앞서 "과연 한국 교회는 다음 세대를 사랑해서 기도했느냐?"를 묻고 싶은 것이다. 아니다. 육신이 불쌍해서 기도

했다면 의식적으로, 형식적으로 행한 기도인 것이다. 그냥 내 자식 같은, 내 형제 같은 아이들이 죽어가고 있으니 육신이 불쌍해서 울며 기도하고 분향소 가서 노란 리본 달고 기원한 것이다. 정말 다음 세대를 사랑했다고 한다면 아직도 세월호 보다 더 큰 세상이란 배를 타고 표류하고 있는, 예수님을 알지 못하고 죽어가는 수많은 다음 세대들을 보면서 눈물을 흘려야 할 것이다.

세월호가 침몰하고 1, 2주가 지났을 때 더 이상 한국 교회는 기도하지 않았다. 다음 세대들은 그렇게 또다시 어른들의 기억 속에서 잊혀져갔다.

기독교 종교놀이를 그쳐야 한다. 생명 없는 의식은 이제 버려야 한다. 하나님 보시기에 가증스런 행위들을 한국 교회가 그쳐야 한다.

기독교 신문 1면 기사에 원로목사님들이 참회의 기도 '회초리 기도대성회'를 한다고 회초리를 들고 자신의 종아리를 치시는 몇몇 노 목사님의 웃는 모습을 보면서 '과연 진심으로 참회의 기도를 하기 위한 것인가?' 를 생각하게 했다.

"우리의 죄를 용서하소서!"

한국 교회가 정말 다음 세대를 사랑하고 있을까? 그런데 왜 지금은 울고 있지 않을까? 처음엔 교복을 입고 지나가는 중고등학생들만 봐도 내 자식 같은 마음이 들어 짠하다더니 이제는 그들이 귀찮고 부담스럽고 불편하지는 않은가?

세월호가 침몰한 것이 아니라 한국 교회가 침몰했다. 다음 세대가 침몰했다.

억울하게 죽어간 단원고 학생들과 그의 가족들, 그리고 함께 배에 타고 있었던 가난한 국민들과 그의 가족들에게, 아무런 힘이 없는 어른이라고 말했던 나부터 눈물로 용서를 구할 뿐이다.

"진심으로 사랑하지 못했습니다. 진심으로 이해하지 못했습니다. 진심으로 구원하지 못했습니다. 저를 용서해 주십시오."

예수께서 여자들을 돌아다보시고 말씀하셨다. "예루살렘의 딸들아, 나를 두고 울지 말고, 너희와 너희 자녀를 두고 울어라. _새번역 누가복음서 23:28

Chapter 4

예수님이 디자인 하신 교회

Church of Jesus •
주님이 꿈꾸신 교회

예수님은 이 땅에 주님의 교회를 세우시겠다 말씀하셨다.
그 교회는 음부의 권세가 이기지 못하는 교회,
하나님의 나라를 세우는 강력한 영적 최전방 전진기지이다.
주님이 꿈꾸신 교회는
예수님이 주인 되신 교회
건물을 세우는 교회가 아닌 사람을 세우는 교회
하나님 나라 가족 공동체 교회
예수님의 3대 사역(치유, 양육, 선교)을 감당하는 교회
성령의 역사가 일어나는 교회
모든 세대가 제사장 되어 사역하는 교회
하나님을 사랑하고 이웃을 사랑하는 교회
바로 그 교회를 예수님은 꿈꾸셨고
신사도행전교회가 이 땅에 나타난 것이다.

1.

1세기
사도행전 교회의 꿈

신학교를 마치고 부교역자로 사역을 하고 있었을 때, 현시대의 교회를 바라보며 건강한 교회에 대한 깊은 고민을 하게 되었다.

어떤 교회가 예수님께서 세우시고자 했던 교회일까? 하나님께서 창세 전에 디자인하신 교회는 어떤 교회일까?

초대 1세기 사도행전교회가 이 땅에 세워진 지 1900년이 흘렀다. 예수님은 분명 제자들에게 예수님이 주인 되신 교회, 음부의 권세가 이기지 못하는 교회를 세우시겠다고 말씀하셨다. 예수님은 그 교회 공동체의 모델링을 열두 제자들로 삼으시고 제자들에게 모든 것을 가르치시며 그들과 함께 하셨고 그들을 끝까지 사랑하셨다.

나도 너에게 말한다. 너는 베드로다. 나는 이 반석 위에다가 내 교회를 세우겠다. 죽음의 문들이 그것을 이기지 못할 것이다. _새번역 마태복음 16:18

예수께서 열둘을 세우시고 [그들을 또한 사도라고 이름하셨다.] 이것은, 예수께서 그들을 자기와 함께 있게 하시고, 또 그들을 내보내어서 말씀을 전파하게 하시며 귀신을 쫓아내는 권능을 가지게 하시려는 것이었다. _새번역 마가복음 3:14-15

유월절 전에 예수께서는, 자기가 이 세상을 떠나서 아버지께로 가야 할 때가 된 것을 아시고, 세상에 있는 자기의 사람들을 사랑하시되, 끝까지 사랑하셨다. _새번역 요한복음 13:1

나는 이제 더 이상 세상에 있지 않으나, 그들은 세상에 있습니다. 나는 아버지께로 갑니다. 거룩하신 아버지, 아버지께서 내게 주신 아버지의 이름으로 그들을 지켜주셔서, 우리가 하나인 것 같이, 그들도 하나가 되게 하여 주십시오. _새번역 요한복음 17:11

예수님은 십자가의 죽음을 앞에 두시고 이 세상에 남겨질 제자들을 생각하시면서 하늘 아버지께 기도하셨다.

제자들을 향한 예수님의 사랑은 용서와 이해와 오래 참음이 있는 변함없는 사랑이었다. 예수님의 그 친밀한 사랑을 경험한 제자들은 오순절 마가의 다락방에서 성령 충만을 받고 난 후 드디어 예수님께서 꿈꾸셨던 교회를 세상 속에 드러내기 시작한다. 그것이 사도행전의 초대교회 모습이었다.

날마다 사도들에게는 성령의 기사와 표적이 나타났고, 성도들은 사도의 가르침(양육)에 몰두했고, 떡을 떼는 사랑의 밥상공동체를 이루며 모든 소유를 공동의 소유로 삼으며 은혜의 삶을 공유했다. 또한 날마다 같은 마음으로 성전에 열심히 모여 찬양하며 기도하는 예배자의 삶을 살았다. 그랬을 때 세상 사람들로부터 많은 호감을 샀으며 하나님은 그런 교회에 날마다 구원받는 사람을 더해 주셨다.

> 그들은 사도들의 가르침에 몰두하며, 서로 사귀는 일과 빵을 떼는 일과 기도에 힘썼다. 모든 사람에게 두려운 마음이 생겼다. 사도들을 통하여 놀라운 일과 표징이 많이 일어났던 것이다. 믿는 사람은 모두 함께 지내며, 모든 것을 공동으로 소유하였다. 그들은 재산과 소유물을 팔아서, 모든 사람에게 필요한 대로 나누어주었다. 그리고 날마다 한 마음으로 성전에 열심히 모이고, 집집이 돌아가면서 빵을 떼며, 순전한 마음으로 기쁘게 음식을 먹고, 하나님을 찬양하였다. 그래서 그들은 모든 사람에게서 호감을 샀다. 주님께서는 구원받는 사람을 날마다 더하여 주셨다. _새번역 사도행전 2:42-47

그런데 오늘날의 교회 모습은 어떠한가? 세상 사람들로부터 호감을 사기는커녕 '개독교'라는 비난과 조롱의 대상이 되었다. 한국 내 3대 종교 중 제일 믿을 수 없는 종교가 기독교가 되고 말았다.[16] 왜 이 지경까지 되었을까? 기독교가 본질을 잃어버렸기 때문이다. 하나님 나라를 세우는 예수 생명은 없고 기독교가 종교가 되고, 문화가 되고, 상업화가 되고, 이제는 체인점을 운영하는 대기업이 된 것이다.

이런 모습을 보면서 다시 성경으로 돌아가야 한다는 강한 마음과 초대교회와 같은 교회, 주님이 꿈꾸신 교회를 이 땅에 다시 일으켜 세워야겠다는 깊은 고민에 빠지게 되었다.

2003년 2월 어느 추운 겨울, 앞으로의 사역 방향과 교회에 대해 고민하면서 기도하기 위해 전라도 내장산에 있는 남경성기도원으로 내려갔다.

기도원 접수처에 등록을 하려는데 담당자가 물어본다.

"금식하러 오셨어요?"
"예?"

나는 금식기도 하러 간 것이 아니라 밥 먹으면서 기도하고 응

---

16) 2015년 10월 28일 대한불교조계종 불교사회연구소가 만 16세 이상 국민 1200명을 대상으로 '2015년 한국의 사회·정치 및 종교에 관한 대국민 여론조사' 결과를 발표했다. 종교계에 대한 신뢰도는 11.8%로 응답자 대부분이 종교를 신뢰하지 않는다고 응답했으며, 3대 종교별 신뢰도는 천주교 39.8%, 불교 32.8%, 개신교 10.2% 신뢰한다고 응답하였다. 성직자에 대한 신뢰도 역시 신부가 51.3%, 스 38.7%, 목사는 17%로 나타났다. 많은 사람들이 기독교에 대한 불신을 가지고 있다는 것을 알 수 있는 통계였다. 그나마 다행은 우리 사회에서 종교가 미치는 영향력에 대해서는 개신교가 '영향력이 크다'는 응답률이 42.3%로 가장 높았고, 천주교는 36.3%, 불교는 26.7%였다.

답 받으려는 것이었는데 금식하러 왔느냐는 질문에 전도사 체면에 "아니요!"라고 말할 수 없어서 "아~예"라고 대답하고 말았다. 그러자 담당자가 금식하면서 머물 수 있는 방 하나를 준다. 딱 한 사람 들어가서 잘 수 있는 그런 방이었다. 방도 난방이 되지 않기 때문에 알아서 자라는 것이다. 워낙 오래된 기도원이라 시설하나 제대로 되어 있는 것이 없었다.

계획에 없었던 금식을 하게 되니 이왕 하는 금식 하나님께서 응답해 주시지 않으면 내려가지 않겠다는 마음으로 굶식(?)을 시작했다.

아침, 점심, 저녁 시간이 되면 기도원 식당에서 식사 준비가 되었다고 알리는 종을 친다. 그러면 10여 명의 사람들은 식당으로 몰려 들어간다. 나는 그들의 뒷모습을 쳐다보며 입맛만 다시고 뒤돌아서서 산으로 올라간다. 배고프니까 일단 그 자리를 피하는 것이다.

산 정상쯤 올라가면 폭포 하나가 있다. 나는 그 폭포에 올라서서 먼 산을 바라보며 소리친다.

"하나님, 용성이가 왔습니다. 아버지! 주여! 다윗의 자손 예수여!"

목이 터져라 소리친다. 나의 외침은 메아리가 되어 다시 내게로 돌아온다. 하나님께서 말씀해 주시는 것 같다. 한참을 소리치고 기도하고 찬양하다가 다시 산기슭을 타고 내려온다. 내려오면 계곡 옆에 큰 기도바위가 있다. 나는 바위에 앉아 성경을 읽었다. 마태복음 1장부터 읽어 내려갈 때 하나님께서 말씀으로 응답해 주실 것을 기대했다. 그렇게 성경을 읽다 보면 저녁식사시간을 알리는 종이 울린다.

매일 저녁마다 강사 목사님이 오셔서 말씀을 전해 주시는데 나도 그 집회에 참여하면서 하나님이 내게 무슨 말씀을 하실까 기대하며 집회를 참여했다. 집회에는 10여 명의 연세 드신 분들과 젊은 사람이라고는 나 한 사람뿐이었다.

집회가 끝나고 잠자리에 들 시간, 도저히 추워서 잠을 잘 수가 없었다. 두꺼운 이불을 깔고 두세 겹씩 덮어도 살을 찢는 추위는 막을 수 없었다. 그렇게 밤새 추위와 싸워야 하고 이제 잠이 들 만한 새벽이 되면 새벽기도 하러 몇몇 분이 들어오신다.

새벽기도가 끝나고 세면을 해야 하는데 따뜻한 물이 없어 얼어붙은 계곡물을 깨고 머리를 감으면 비누와 머리가 따로 놀고 머리통은 터질 듯해 정신이 들다 못해 영혼이 빠져나가는 듯했다. 추위와 배고픔과 싸우는 또 하루가 시작되었다.

둘째 날도 동일하게 폭포 아래서 소리치고 기도하고, 바위 위에 앉아 성경을 읽고, 저녁엔 집회에 참석하고, 다시 이불 속에서 추위와 씨름을 했다.

셋째 날 아침이 밝았다. 이렇게 며칠 더 있다가는 내장산 산신령이 되겠다는 생각이 들었다.

"하나님! 춥고 배고픕니다. 이제 응답해 주셔야 합니다."

산 기도를 마치고 내려와 사도행전을 읽어 내려가는데 20장을 읽다가 24절에서 그만 멈추고 말았다. 더 이상 읽어 내려갈 수 없었다.

> 그러나 내가 나의 달려갈 길을 다 달리고, 주 예수께 받은 사명, 곧 하나님의 은혜의 복음을 증언하는 일을 다 하기만 하면, 나는 내 목숨이 조금도 아깝지 않습니다. _새번역 사도행전 20:24

내 눈에선 멈출 수 없는 눈물이 흘렀고 심장은 거세게 뛰고 있었다. 하나님이 내게 말씀해 주고 계셨다. 사역자의 길로 들어선 후 여러 상황 속에서 힘들고 지쳐, '포기할까. 이 길이 나의 길이 아닌가?' 고민하고 있었을 때 마지막 기로라 생각하고 오른 산에서 하나님은 내게 말씀하셨다. 아브라함이 모리아 산에 오르고, 모세가 시내 산에 오르고, 예수님께서 겟세마네동산에 오르셨던 것처럼 산에 올랐더니 희미해졌던 사명에 불을 붙여 주셨다.

내가 예수님께로부터 받았던 사명, '다음 세대들을 깨우며 모든 민족에게 복음을 증거하고 모든 열방이 하나님을 예배하게 하는 일에 나의 생명을 조금도 아까워하지 않겠다.'던 지난 고백을 떠오르게 하시면서, 나와 함께 하시고 나를 사용하시겠다는 응답으로 내게 다시 확신을 주셨다.

회개와 기쁨과 감사의 눈물로 바위를 적시고 있었을 때, 얼마나 시간이 흘렀을까? 저녁식사를 알리는 종소리가 들렸다. 얼마나 반가운 소리인지, 응답받았으니 밥 먹을 자격을 얻은 것이다. 나는 자리를 박차고 일어나 당당히 식당으로 걸어갔다.

그날 밤 저녁 집회, 강사 목사님은 얍복 강에서 천사와 씨름했던 야곱의 이야기를 말씀하시다가 나를 일으켜 세우더니 본인이 천사를 할 테니 내게 야곱 역을 맡아 상황극을 해보자는 것이다. 집회에 참석한 사람 중 젊은 사람이라고는 내가 유일했기 때문에, 그것도 맨 앞자리에 앉아 말씀을 잘 듣고 있으니 잘할 거라 생각했을 것이다.

나는 리얼 야곱이 되어 그 목사님의 허리띠를 잡고 놓아주지 않았다. 강사 목사님은 당황하셨는지 "이만하면 됐다"고 놓아도 좋다는 것이다. 그러나 나는 놓을 수가 없었다. 아직 내게 축복해 주지 않았기 때문에 난 끝까지 잡고 매달렸다.

"나를 축복해 주지 않으면 절대로 놓을 수 없습니다!"
"대단한 젊은이네, 전도사인가?"
"예."
"하나님, 이 아들을 축복하시고 야곱처럼 사용하여 주시옵소서!"

그렇게 나는 기도를 받았다. 말씀 후 기도를 하는데 하나님께서 내게 말씀해 주신다.

"건강한 교회, 내가 꿈꾼 교회, 사도행전적인 교회를 이 땅에 세워라."

"아멘!"

"그러나 지금은 아니다. 준비하고 기다려라!"

주님이 꿈꾸신 교회에 대한 비전을 보여 주셨다. 1년 후, 난 광명으로 사역지를 옮기게 되었고 그곳에서 맡겨진 일에 최선을 다하며 하나님의 때를 기다렸다.

그 사람이 말하였다. 네가 하나님과도 겨루어 이겼고, 사람과도 겨루어 이겼으니, 이제 네 이름은 야곱이 아니라 이스라엘이다. _새번역 창세기 32:28

2.

하늘의 별
땅의 모래알

2008년 12월 어느 날, 새벽기도를 마치고 교회 뒷편에 있는 도덕산 등산로를 따라 올랐다.

"하나님 어떻게 해야 할까요? 개척을 해야 하나요, 아니면 대형 교회에 가서 사역을 할까요?"

유스비전사역을 하면서 내 이름이 세상에 조금씩 알려지고, 다음 세대 부흥을 일으키는 목사라는 타이틀을 얻으면서 스카웃 제의가 들어오곤 했다.

"목사님, 저희 교회는 교계에 알려진 W교회입니다. 목사님 하시는 사역을 보니 우리 교회 교육부서를 맡아서 해주시면 더 잘하실 것 같습니다. 담임목사님이 청소년 사역 잘하는 사람 있으면 모셔 오라는 지명을 내려 주셨는데 목사님이 적임인 것 같습니다. 저희 교회에 와 주시겠습니까? 저희 교회 청소년부가 600명입니다."

"죄송하지만 저는 가지 않겠습니다. 제겐 저를 필요로 하는 40명의 청소년들이 있습니다. 이들은 아직 신앙이 어립니다. 이제 신앙생활을 시작한 아이들이 대부분입니다. 이 아이들을 먼저 세우고 하나님이 가라하시면 그때 가겠습니다. 좋게 봐 주셔서 감사합니다."

"지금 기회가 왔을 때 잡으시면 좋을 텐데요. 이런 기회 없습니다."

"죄송합니다. 기회는 하나님이 만드십니다. 하나님께서 정말 원하신다면 다시 기회를 만드시겠죠. 지금은 아닙니다."

한번은 신대원 동기 목사님으로부터 연락이 왔다.

"장 목사님, 우리 교회 청년부 담당 목사님이 사역을 그만 두면서 자리가 비었습니다. 목사님이 오셔서 청년부를 맡아 주시면 정말 잘하실 듯싶습니다. 청년부가 200명이 있습니다."

"청년부 200명이요? 많네요. 그 교회는 교계에서도 영향력 있게 사역하는 교회이니 제가 아니더라도 더 좋은 목회자가 가실 수 있을 것입니다. 귀한 자리에 저를 불러 주셔서 감사합니다."

"목사님, 더 큰 사역을 하려면 큰 교회에 와서 경력을 쌓고 사역의 폭을 넓히는 것도 좋아요. 한번 기도해 보시고 연락 주세요."

"기도해도 별로 달라질 것 같지는 않는데, 암튼 감사합니다. 연락드리겠습니다."

"하나님, 제가 그 교회로 가는 게 옳을까요?"

일주일간 새벽기도를 하면서 하나님께 물었다. 마음 한쪽에서는 '큰 교회'에 대한 유혹도 있었다. 인간의 마음은 욕심으로 가득하다. '자신의 야망'을 '하나님의 영광'이라는 말로 그럴 듯하게 포장한다. '내가복음'을 만드는 것이다.

"목사님, 안 가겠습니다. 저는 지금 있는 청소년 청년 50명과 함께 하겠습니다. 지금은 이들과 함께 할 때입니다."

2008년 10월, 하나님은 지금까지 잘하고 있던 모든 사역을 다 내려놓고 떠나라는 것이다. 막상 떠나라고 하시니 고민이 되었다.

'어디로 가야 하나, 어떻게 해야 하나?'

12월 7일 주일, 최종적으로 사임이 결정 되고 2주가 지났지만 가야 할 곳을 찾지 못하고 있었다. 도덕산 정상에 올라섰다. 시원

한 바람이 정신을 맑게 한다. 성령님의 신선한 바람 같았다. 팔각정에 올라서면 동서남북이 다 보인다.

"하나님 어디로 갈까요? 북쪽은 일산, 의정부, 동쪽은 서울 여의도, 남쪽은 수원, 서쪽은 인천입니다. 이왕이면 저는 서울로 가고 싶습니다. 놀아도 큰 물에서 놀아야지요! 제가 가야 할 곳은 어디입니까?"

그때 하나님께서 내게 말씀해 주신다.

"동서남북을 돌아보아라!"

나는 그 자리에서 동서남북을 보면서 한 바퀴 돌았다.

"다 돌았습니다. 이제 알려 주십시오. 어디입니까?"
"네가 바라본 동서남북을 다 너에게 주겠다."
"……"
"하늘의 수많은 별들을 보아라. 바다의 모래알을 보아라. 셀 수 있겠느냐? 너에게 주리라."

동서남북을 다 주시겠다는 하나님의 음성에 나는 할 말을 잃었다. 응답을 받고 내려오는 길에 나는 하염없는 눈물과 감사로 찬양의 고백을 드렸다.

> *아무도 예배하지 않는 그곳에서 주께 예배하리라*
> *아무도 찬양하지 않는 그곳에서 나 주를 찬양하리라*
> *아무도 헌신하지 않는 그곳에서 주께 헌신하리라*
> *아무도 증거하지 않는 그곳에서 나 주를 증거하리라*
> *내가 밟는 모든 땅 주를 예배하게 하소서*
> *주의 보혈로 덮어지게 하소서*
> *내가 선 이 곳 주의 거룩한 곳 되게 하소서*
> *주의 향기로 물들이소서*

벅찬 마음으로 산을 내려와 내가 가야 할 곳을 찾아 봤다. '동서남북에서 다 올 수 있는 곳이 어디일까?' 전철 노선도와 함께 지도를 펼쳤다. 안양 평촌이었다. 평촌을 기준으로 20분이면 동서남북에서 다 올 수 있었다. 가지고 있는 재산이라고는 통장에 있는 천만 원 정도와 마티즈 한 대가 전부였다. 성도가 있는 것도 아니었고, 재정지원에 대한 보장도 없이 개척지를 찾아 나섰다.

'이 돈으로 갈 만한 곳이 어디 있을까? 하나님의 뜻이면 장소도 허락해 주시겠지. 하나님이 하라고 하셨으니까 하나님이 해결해 주실 거야.'

경기도 안양시 동안구 귀인동 먹거리골목 '임금님 보신탕' 건물

지하로 하나님은 인도해 주셨다. 2층에 사택을 마련하고 2009년 1월 4일 첫 주일예배, 안방에서 예배를 드렸다. 형제 2명은 1주일 전에 찾아와 두 달 뒤에 중국으로 유학을 가려는데 그 전까지 교회에 와서 예배를 함께 드리고 싶다는 것이다. 총신대학생 자매 2명은 개척 2주 전에 내가 인도하는 집회에 참석했다가 은혜를 받고 개척하는 교회로 따라가겠다며 찾아왔다. 이렇게 나와 아내와 7살 딸, 뱃속의 아기, 형제 둘, 자매 둘 8명이 감격적인 첫 예배를 드렸다.

2주간 안방에서 예배를 드리다 이웃집에 피해를 주는 것 같아서 3주부턴 지하에 마련한 예배당으로 내려갔다. 지하는 빈 창고였다. 껌뻑이는 형광등에 차가운 바닥, 한쪽 구석에 두꺼운 스티로폼 세 장을 깔고 그 위에 장판을 덮었다. 작은 히터 하나로 겨울 추위를 이겨보겠다고 했지만 터무니없었다. 그래도 예배할 수 있는 공간이, 함께 예배할 수 있는 지체들이 있음에 감사할 뿐이었다.

개척했다는 소식을 들은 한 성도님은 쓰던 키보드를 보내 주셔서 그것으로 반주하며 청년들과 함께 예배 드릴 수 있었다. 한 달 반이 지나 건축 일을 하시는 집사님들의 섬김으로 교회 리모델링을 시작했다. 지하지만 전혀 지하 같지 않은 예쁜 예배당으로 만들어졌다.

한참 리모델링 공사가 진행될 때 한 성도님이 찾아 오셨다.

▲ 개척 2주 후 주일예배

"목사님, 개척하셨는데 필요한 곳에 쓰세요."

"이게 뭐예요?"

"목사님께 드려야겠다는 감동이 되어서요."

"감사합니다. 귀하게 사용하겠습니다."

　감사의 축복 기도를 하고 봉투를 받아 서랍에 넣어 놓고, 나는 바로 리모델링 공사를 계속했다. 하루 일과가 끝나고 집으로 들어와 저녁 식사를 마친 다음 오전에 받은 봉투가 생각이 나 열어 보았다. 두께로 보아 100장 정도 들어 있을 거라 생각했다. 정말 100장이 들어 있었다. 10만 원짜리 수표 100장이었다. 1,000만 원! 그분은 우리 교회 성도도 아니셨다. 그런데 거액의 헌금을 하고 가셨다.

돈 한 푼 없던 교회에 하루아침에 천만 원이 생겼다. 하나님이 왜 이 돈을 주셨는지 기도하는 가운데 답을 얻었다. 유스비전 여름캠프를 하려면 장비들이 필요했다. 교회에 있는 것이라고는 오래된 키보드 하나가 전부였다. 하나님은 사역할 수 있도록 돈을 채워 주셨다. 그 돈으로 드럼, 신디사이저 두 대, 빔 프로젝트, 방송용 카메라, 음향장비 등을 구입했다. 교회 성도라고는 청년들 4명이 전부인데 장비는 웬만한 교회보다 더 잘 갖추었다.

하나님은 하나님의 일을 위해 모든 것을 예배해 두셨다. 돈도, 함께 사역할 동역자도 다 마련해 두셨던 것이다. 내가 순종하지 않았더라면 '여호와 이레' 하나님을 경험하지 못했을 것이다.

"주님이 꿈꾸신 교회죠? 교회 어떻게 찾아가면 되나요?"
"먹거리 촌으로 들어오시면 빨간 큰 간판에 '임금님 보신탕'이라고 쓰여 있습니다. 그 건물 지하로 오시면 됩니다."

우리 교회는 임금님보신탕교회가 되었다. '보신탕교회' 성도들을 영적으로 보신시켜 주는 교회, 영양만점 보신탕교회가 주님이 꿈꾸신 교회다. 7년 동안 1층 식당은 계속 간판이 바뀌었다. 임금님보신탕, 임금님수라상, 착한낙지… 식당은 망하는데 교회는 망하지 않았다. 교회 본질과 분명한 목적과 순종함이 있다면 교회는 결코 망하지 않는다.

3.

새벽기도 차량운행을 위한
120km 질주

　　다음 세대들이 주인공인 교회를 만들겠다고 아는 사람 하나도 없는 안양평촌에 개척을 하고 길거리 전도를 시작한 지 1년, 하나님은 어린이, 청소년, 청년들을 붙여 주셨다. 그리고 '동서남북을 다너에게 주겠다'는 약속대로 다음 세대들을 섬기며 세계 열방을 품고 복음전도 사역을 감당할 동역자들을 사방에서 불러 주셨다.

　　교인은 몇 명 되지 않는데 수원, 안산, 인천, 부천, 광명, 서울, 의정부, 성남, 경기도 광주, 일산에서 안양까지 오기 시작했다. 대중교통을 이용해서 오면 1시간 30분은 기본, 2시간 넘게 걸려서 오는 청년들도 있었다. 먼 거리 마다하지 않고 찾아오는 학생들이나 청년들에게 예배당이 멀어 미안하기도 하고, 그래도 교회 공동체가 좋다고 찾아와 주니 고맙고 감사했다.

금요성령집회가 끝나면 대중교통 막차 시간이 끝나 이들을 다 차량 운행해줘야 했다. 수원을 첫 코스로 시작해서 서울 사당 총신대, 총신대에서 서울 독산동, 광명, 일산을 마지막으로 돌고 오면 3시간, 그것도 경차 마티즈에 꽉 차게 태워서 돌고 오면 새벽 2시가 된다. 그래도 감사했다. 개척해서 차량 운행해 줄 성도가 있으니 얼마나 감사한 일인가? 성도가 없으면 차량 운행할 일도 없을 테니 말이다.

성도들은 내게 미안해한다. 그럴 때마다 나는 성도들에게 이런 말을 한다.

"미안해하지 마세요. 제게 차량 운행할 수 있는 기회를 주셨으니 감사해요. 차량 운행하고 싶어도 운행할 곳이 없어서 못하는 목회자도 많은데 감사한 일이죠."

청소년 제자훈련 졸업여행을 서울랜드로 갔다. 12명이 모였다. 정문에서 주차장까지 한 4km를 올라가야 하는데 학생들을 마티즈에 다 태워서 올라가기로 했다. 앞좌석 세명, 뒷좌석 여섯 명, 트렁크를 열어 놓고 세 명을 태우고 나니 꽉 찼다. 기네스북에 올라갈 만한 인원은 아니었지만 그렇게 천천히 산길을 타고 서울랜드 동편 주차장에 도착했다. 뒤에 따라왔던 차들은 얼마나 웃기고 놀랐을까? 지금은 청년이 되어 있거나 결혼을 해서 장년부가 되어 있지만, 그때를 생각하면 배꼽을 잡고 웃는다. 행복한 추억이다.

사역을 위해 구입했던 경차에 더 이상 많은 사람을 태울 수 없어 10년 동안 사역의 발이 되어 준 차를 팔아 차량 헌금을 하고 교회 법인으로 12인승 승합차를 샀다. 대출을 받아가며 청소년 사역을 했을 때도 아이들이 있으니 차만큼은 팔지 말자던 아내의 말대로 팔지 않고 유일한 재산으로 남겨 뒀던 차인데 개척을 하고 나니 그것마저도 하나님께 드려야 했다. 내 소유는 아무것도 없었다.

개척 3년이 되었을 때 고난주간 42일 특별새벽기도회를 선포하고 전 성도들을 새벽기도에 참여하게 했다. 새벽 차량 운행을 위해 새벽 3시 30분에 일어나 부천을 시작으로 서울 까치산, 광명, 안양까지 돌면 5시에 교회에 도착을 한다. 5시부터 6시까지 새벽기도를 마치면 다시 역순으로 성도들을 모셔다 드리고 다시 교회로 돌아오면 아침 8시가 좀 넘는다. 새벽기도를 위해 새벽 3시 30분부터 아침 8시까지, 그러기를 42일간 쉬지 않고 부활절 아침까지 새벽기도 총진군을 펼쳤다.

"죽으면 죽으리라! 기도하면 기적을 보리라!"

얼마나 피곤한지 새벽기도를 순교하는 마음으로 임했다. 42일간 눈도 오고 비도 왔지만 쉬지 않고 기도했을 때 성도들은 많은 응답을 경험했다.

그 후 지금까지 한 명이 타던 두 명이 타던 새벽기도 차량 운행을 하고 있다. 기도만이 성도들의 영혼을 깨울 수 있는 길이라는 것을 알기에, 그리고 교회에 기도의 불을 꺼뜨리지 않기 위해 운행을 멈추지 않고 있다.

한번은 도대체 새벽기도를 위해 주행하는 거리가 얼마나 되는지 궁금해서 거리를 재보았다. 무려 120km가 나왔다. 경부고속도로로 계산하면 서울에서 청주까지, 서해안고속도로는 서울에서 서산 아래 홍성까지의 거리다. 그것도 일주일이 아닌 하루에 주행한 거리다. 수십 명이 타는 것도 아니다. 두세 사람을 위해서!

어떤 분들은 낭비라고 말하기도 하고 심한 경우 미쳤다고도 하는 분도 계셨다. 그럼에도 불구하고 그렇게 새벽 차량운행을 했던 이유는 한국 교회와 열방을 깨우는 작은 불꽃이 되기 위해서였다. 그렇게라도 했으니 지금까지 새벽기도를 이어올 수 있었고 성도들은 새벽에 뜨겁게 기도할 수 있었다. 그리고 전도불황 가운데 하나님은 한 사람 한 사람, 영혼들을 붙여 주셨다.

요즘 새벽기도를 하지 않는 교회들이 많이 있다. 이유는 성도들이 모이질 않는다는 것이다. 그렇다 보니 갈수록 교회는 기도가 죽는다. 금요기도회도 잘 모이지 않는다. 기도의 불이 꺼지는 순간 교회나 가정은 어둠의 영에 지배를 당할 수밖에 없다.

제사장들이 해야 할 중요한 임무 중에 성막의 등잔대에 기름을 채우고 24시간 불을 꺼뜨리지 않는 것이다.[17] 교회는 기도의 불을

---

17) 출애굽기 27:20-21 "너는 이스라엘 자손에게 명하여, 올리브를 찧어서 짜낸 깨끗한 기름을 가져다가 등불을 켜게 하되, 그 등불은 늘 켜 두어라. 아론과 그 아들들은 그것을 회막 안의 증거궤 앞에 처놓은 휘장 밖에 켜 두어서, 저녁부터 아침까지 주 앞에서 꺼지지 않도록 보살펴야 한다. 이것은 이스라엘 자손이 대대로 길이 지켜야 할 규례이다."

밝히는 곳이다. 한 명이라도 좋으니 불을 밝혀야 한다. 두 명이면 더 좋고, 세 명이면 더더욱 좋다. 기도하는 교회가 마지막 사명을 감당하는 교회가 될 수 있기 때문이다.

새벽기도를 위해 120km를 달리다보니 늘 피곤하다. 워낙 장거리다 보니 기상변화에 따라 변동도 있다. 눈이 많이 내린 날은 차량 운행을 전면 중단하기도 하고 장마로 인해 폭우가 쏟아지는 날에도 중단한다. 새벽기도를 쉬는 것이 아니라 운행만 중단할 뿐이다.

예수님께서 겟세마네 동산에서 기도하실 때 제자들은 졸고 있었다. 예수님은 졸고 있는 제자들에게 "시험에 들지 않도록 깨어 기도하라"시며 책망을 하셨다. 그리고 하셨던 말씀 '마음은 원이로되 육신이 연약하여'[18]라는 말씀을 우린 잘 이용한다. 기도하라고 하면 마음은 있는데 육신이 연약하여, 피곤하여, 야근이 있어서, 시험기간이라서, 데이트가 있어서, 별의별 핑계를 다 댄다. 그러다 시험 드는데 말이다.

나 또한 인간의 연약함으로 유혹받을 때가 많다. 일기예보에서 새벽에 눈이 내린다고 한 전날은 잔뜩 기대(?)하고 잠을 잔다. 그리고 약속된 시간에 알람이 울리면 얼른 일어나 창문을 열어 본다. 그런데 눈 한 방울 내리지 않았다. 얼마나 일기예보가 원망스럽던지…

---

18) 마태복음 26:41 "시험에 빠지지 않도록, 깨어서 기도하여라. 마음은 원하지만, 육신이 약하구나!"

"아버지여, 어찌하여 나를 시험에 들게 하시나이까?"

아쉬운 마음으로 씻고 새벽 차량운행을 나간다.

장마철엔 비가 많이 내린다는 예보를 듣고 잠을 청한 후 새벽에 일어나서 제일 먼저 하는 일은 창문을 열어 밖을 보는 것이다. 밤새 내리던 비가 그쳤다.

"주여, 왜 나를 버리시나이까?"

인간의 간사함이란 이와 같다. 그렇게 오랜 세월 새벽기도를 하고 차량운행을 하고 있지만 인간 내면의 죄성罪性은 육신이 편하려고 한다. 기도하지 않으려고 한다. 새벽기도 나갈 수 있게 해 달라고 기도하는 것이 아니라 새벽에 눈이 많이 내리기를 기도하고 있다.

요즘은 성도들이 먼저 내게 말한다.

"내일은 새벽기도 쉬지요? 목사님 피곤하신데."

목회자를 끔찍이도 생각해 준다. '그럴까?' 하는 유혹이 오지만 거절한다.

"아무리 피곤해도 할 건 해야죠! 내일 새벽에 봅시다. 우리라도 깨우지 않으면 누가 깨웁니까?"

성도들의 표정이 일그러진다. 웃으면서 말이다.

성도들은 '목사님' 핑계 대고 한 번 쉬어 보려고 했지만, 그 한 사람을 위해 또다시 새벽 운전대를 잡는다. 새벽에 120km 정도는 운행해 줘야 '교회에서 차량운행 좀 해 봤다' 라고 말할 수 있지 않을까?

부교역자 모집 공고에 꼭 빠지지 않는 조건이 있다.

'신학대 졸업/예정자'
'열정이 있는 자'
'운전면허 보통1종 소유자'

왜 부교역자를 모집하는데 '운전면허 보통1종 소유자'여나 하나? 2종은 안 되는 것일까? 교회 차량은 승합차이기 때문에 1종 면허가 필요한 것이다. 차라리 '교회 차량 운전기사 모집'이라고 광고를 하지 사역자를 초청해서 대부분 운전만 하다 끝나는 사람도 있다. 목회자는 운전기사가 아닌데도 말이다. 교회에서 운전할 일이 생기면 부교역자를 찾는다. 부교역자는 운전기사로 부름 받은 것이 틀림없다.

부교역자로 지내는 동안 새벽기도에 대한 부담감이 있어서 개척을 하면 새벽기도회를 없애고 저녁기도회로 바꿔서 하리라는 결심을 했었다. 그래서 개척했을 때 새벽기도를 하지 않았다. 정말 많이 잤다. 그런데 이상한 일은 새벽 시간만 되면 저절로 눈이 떠지고, 4시간 이상 허리를 방바닥에 붙이고 잠을 자면 허리가 끊어지는 듯한 고통이 있었다. 그래도 억지로 잠을 잤다.

'나는 일어나지 않으리라. 이게 얼마 만에 누릴 수 있는 꿀잠인가?'

그러나 7시간, 8시간 누워 있을수록 허리가 아파서 도저히 누워 있을 수 없었다. 그렇게 서너 달을 보냈을 때, 새벽을 깨우지 않으니 목사도 기도하지 않고, 성도들도 기도하지 않는다는 것을 알았다. 차라리 몸이 피곤해도 새벽을 깨워 기도하는 것이 목사를 살리는 일이고 성도들을 영적으로 깨우는 일이라는 것을 깨닫고, 개척하면 '나는 새벽기도회 하지 않으리라' 했던 결심을 버리고 다시 새벽기도를 시작했다. 성도들을 실어 나르는 운전기사가 아닌 영혼을 깨우는 운전기사가 되기로 한 것이다.

그러니 120km 새벽 운전이 행복한 것이다.

그러나 오늘도 피곤하다.

내 영혼아, 깨어나라. 거문고야, 수금아, 깨어나라. 내가 새벽을 깨우련다. _새
번역 시편 57:8

부족함을
채워 주시는 하나님

개척한 지 1년이 되어 성도 20여 명이 모였다. 주일이면 예배당 안은 북적거린다. 예배를 마치자마자 그 자리에서 식사를 해야 했기 때문에 비록 성도들은 20여 명 밖에는 되지 않지만 식사 준비로 분주하다.

주일에는 오전 예배만 있다. 오후에 점심 먹고 졸린 시간에 예배드리면서 졸다 가는 것 보단 오전에 집중해서 예배를 드리고 오후엔 양육이나 가정전도사역을 할 수 있도록 자유를 줬다. 그래서 오전 예배는 10시 45분에 시작을 해서 1시가 다 되어야 끝이 난다. 어느 날은 1시 40분이 되어 끝난 적도 있다. 성령님께서 기도를 강하게 시키시면 기도를 집중적으로 하고 찬양을 강하게 시키시면 찬양을 집중적으로 하다 보면 금세 시간이 흐른다. 말씀시간도 그리 짧지는 않다. 많이 절제해서 1시간 정도로 전하고 있지만 그 시간도 부족하다. 이렇다 보니 예배 시간이 좀 길어지면 그다음 두 시에 있는 어린이 예배 시간이 쫓기게 된다.

어린이, 청소년, 청년들이 대부분인 개척교회. 우리 가정 빼고 어른은 달랑 한 사람이다. 개척한 지 12개월이 되었을 때 교회로 쌀이 들어왔다. 20kg을 시작으로 40kg, 멀리 완도에서, 광명에서, 김제, 부안 등 여러 곳에서 쌀을 보내왔다. 교회가 쌀가마니로 가득했다. 그것도 12월 한 달 사이에 말이다.

'왜 이렇게 쌀이 많이 들어오지? 이 쌀 가지고 가난한 사람들에게 나눠 주라고 하는 것일까? 아니면 겨우내 이 쌀 먹으라고 보내신 것일까? 아니면, 이 많은 쌀을 먹을 사람을 보내 주신다는 것인가?'

그다음 해가 밝았다. 드디어 주님이 꿈꾸신 교회 1주년 감사주일 예배에 갑작스레 방문해 준 믿음의 친구들과 주꿈가족 24명이 모여 주꿈 생일축하를 했다. 그리고 한 달, 두 달, 세 달이 흘렀다. 그 많던 쌀이 다 떨어져 가고 있었다. 하나님은 영혼들을 붙여 주신 것이다. 1년 내 다 먹어도 못 먹을 쌀, 다 먹을 수 있도록 많은 사람들을 보내 주셨다.

쌀이 떨어지면 쌀을 보내 주시고, 돈이 떨어지면 돈을 보내 주시고, 일할 동역자가 필요할 땐 동역자를 보내 주시는 하나님, 개척교회 할 때 하나님의 풍성한 채워주심을 경험한다는 말을 실감

할 수 있었다.

까마귀를 통해서 먹을 것을 물어다 주신 하나님께서 내게도 까마귀를 보내 주셨다. 그런데 까마귀는 많은 양을 물어다 주진 않는다. 딱 그만큼만, 죽지 않을 정도만 물어다 준다. 독수리를 보내 주시지 않으시고 까마귀를 보내 주신 이유는 더욱 겸손히 하나님만 의지하라는 것이리라!

한 성도로부터 전화가 왔다.

"목사님, 성경 좀 읽으세요. 지금 바로 성경책을 펴 보세요!"
"아무리 제가 성경을 잘 안 읽는다고 그렇게 직설적으로 얘기하시면… 죄송합니다. 더 많이 성경 읽겠습니다."
"얼른 강대상에 있는 목사님 성경 펴 보세요."

성경을 펼쳤더니 흰 봉투가 있었다. 그 안엔 30만 원이 있었다. 용돈으로 쓰라는 것이다. 얼마나 감사한지, 그 돈 봉투를 들고 기도했다.

"하나님, 30만 원이 들어왔습니다. 이 돈 어떻게 해야 할까요?"
"그 돈, 네 돈 아니야, 이스라엘 선교 나가려는 지체에게 선교비로 줘라!"
"예, 하나님!"

선교비가 없어서 고민하는 지체에게 돈 봉투를 그대로 전달했다.

"이게 뭐예요, 목사님?"
"하나님이 자매님에게 주라고 하시네요. 좋으시겠네요. 하나님이 나보다 더 특별히 사랑하시니!"

하나님은 늘 이렇게 채워 주신다. 나보다 남을 더 섬길 수 있도록 용돈도 채워 주신다. 한 자매가 나에게 물었다.

"목사님, 제가 뭘 해드리면 좋을까요?"
"용돈 좀 줘!"

봉투에 5만 원을 넣어서 준다.

"진짜 주는 거야? 고마워, 귀한 일에 쓰도록 할게."

그날 저녁 청년들과 함께 양육을 하는데 한 청년이 삶을 나누면서 이런 말을 한다.

"지난주 정말 힘들었습니다. 학원에서 레슨을 했는데 원장선생님이 레슨비를 안 줘서 교통비도 없고 밥 사먹을 돈도 없어서 마음이 괴로웠습니다. 원장선생님을 고발해야 하나요? 가난한 학생

의 시급도 떼어 먹는데."

"그런 일이 있었구나! 많이 힘들었겠네, 하나님이 채워 주시겠지!"

그러고는 자매에게 오전에 받은 봉투를 건넸다.

"이게 뭐예요?"

"하나님이 자매님 주라고 내게 맡겨 두신 봉투야!"

그 자매는 울먹거린다. 그리고 하나님께 감사하다며 그 돈을 다시 하나님께 전부 드렸다. 일주일 뒤 학원 원장으로부터 연락이 오기를 미안하다며 밀린 돈을 다 줬다고 한다.

있는 듯 없는 듯, 부족한 듯 부족하지 않은 듯, 하나님은 그렇게 내 삶 속에서, 공동체에서 채워 주셨다.

5.

전교인 20명이
1,200명을 섬기다

'주님이꿈꾸신교회'를 개척하기 이전부터 유스비전캠프사역을 하고 있었기 때문에 개척한 그해에도 여름캠프를 준비해야 했다. 캠프는 따로 스텝을 모집해서 섬기는 것이 아니라 교회 전 성도가 스텝이 되어서 섬겨왔기 때문에 개척한 지 7개월 된 교회가 여름 캠프를 준비한다는 것은 그리 쉬운 일이 아님에도 해야 한다는 사 명이 있었기에 5월부터 캠프 준비를 시작했다.

2008년 여름 캠프에 870명이 모였다. 그것도 인원을 제한했음 에도 몰려드는 인원을 막을 수 없었다. 본당에 들어가지 않아도 되니 뒤에 서서 들을 수 있도록만 해 달라고 요청하는 교회, 숙소 는 없어도 되니 집회만 참석할 수 있게 해 달라는 교회, 금식하면 서 준비할 테니 등록시켜 달라는 교회, 그렇게 2008년 여름캠프를 마쳤고 1월에 시작되는 2009년 겨울캠프는 주꿈교회를 1월에 개척해서 할 수 없었다. 그리고 8월 여름캠프가 열린 것이다.

주님이꿈꾸신교회 전 성도 20명(어린이 포함), 사람도 부족할 뿐 아니라 훈련되지 않은 사람들이었다. 7개월 만에 훈련시켜서 캠프를 진행해야 했다. 함께 사역할 전문 동역자가 필요했다. 기도 밖에는 답이 없는 상황, 새벽에 기도하는데 함께 일할 수 있는 동역자가 한 명씩 떠오르기 시작했다. 20년 전 내게 반주를 배우겠다고 찾아 왔던 동생, 지난해 캠프 예배팀으로 섬겼던 지체, 그들에게 연락을 했다.

'이젠 와서 나를 도우라!'

제주도에서 캠프 연습을 위해 주말에 비행기를 타고 왔다가 다시 주일 저녁에 비행기를 타고 제주도로 가기를 몇 번씩 해 준 지체, 몇 시간씩 대중교통을 이용해서 찾아와 준 지체, 하나님은 실력과 영성을 갖춘 동역자들을 붙여 주셨다.

2009년 여름 유스비전캠프, 한 번도 아닌 두 번에 걸쳐 진행했다. 1,200여 명이 전국에서 모였다. 전교인 20명과 동역자 10명, 30명이 1주일 동안 1,200여 명을 섬긴 것이다. 직장을 다니던 청년들은 캠프를 섬기려고 직장을 그만 두거나, 여름휴가를 반납했다. 캠프를 섬기는 지체들은 목숨을 걸고, 목이 터져라 부르짖으며 섬김을 통해서 대한민국의 새역사를 이뤄냈다.

　캠프의 규모와 프로그램으로 봤을 때 개척 7개월 된 교회가 했다고 아무도 믿지 않는다. 그것도 전교인 20명으로 한국 교회와 세계열방을 섬긴다고 하면 모두가 놀랜다. 개척 첫 예배 때 청년들에게 했던 "주님이꿈꾸신교회는 한국 교회 모델교회가 될 것입니다. 기독교 역사에 길이 남을 교회가 되도록 합시다."한 말은 조금씩 현실이 되어가고 있었다.

　은혜를 받겠다고 모여든 사람들, 노는 프로그램 없이 말씀, 찬

양, 기도로 하루 15시간 이상 집회가 진행되는 캠프, 저녁집회를
위해서 식사도 마다하고 추우나 더우나 줄을 서서 두 시간씩 기다
리는 어린이, 청소년, 청년들. 그렇게 저녁 7시가 되어 시작한 예
배는 새벽2시가 되어도 끝날 줄 몰랐고 아쉬워 더 찬양하며 예배
하자고 소리쳤다. 이것이 가능할 수 있었던 것은 소수의 헌신된
제자들이 있었기 때문이다. 어린아이의 보리떡 다섯 개 물고기 두
마리로 남자만 5천 명을 먹이는 기적을 일으켰던 것처럼, 하나님

은 연약한 청소년, 청년들을 통해서 지금껏 수만 명의 한국 교회 영혼들을 먹이셨다.

'주님이꿈꾸신교회'는 세대별 비전가치가 있다. 10대에는 하나님의 꿈을 꾸고, 20대엔 하나님의 꿈을 이루기 위해 철저히 준비하고, 30대엔 영향력 있는 지도자가 되어 빛을 발하고, 40대엔 말씀으로 다음 세대들을 세우며, 50대엔 이 땅에 예수님이 주인 되신 교회를 세우고, 60대엔 세계열방을 향한 선교사가 되는 비전이다. 이 비전이 있기에 모든 세대를 품고 '유스비전사역'을 감당할 수 있는 것이다. 유스비전은 세계선교를 감당할 사역현장이다. 성도들에겐 사역할 수 있는 필드를 마련해 주고 성도들은 필드 한가운데서 주님의 마음으로 영혼들을 섬기며 한국 교회와 열방을 섬기고 있는 것이다.

캠프에 참여한 개척교회, 미자립교회는 '주님이꿈꾸신교회'를 보며 소망을 얻는다.

'저렇게 작은 교회도 하는데 우리도 할 수 있겠다!'

'하나님은 연약한 자들을 통해서 일하시니 나 같은 자도 하나님은 쓰시겠다!'

'지금도 부흥과 회복은 일어난다!'

'전도하면 된다!'

성도들이여, 좌절하거나 포기하지 마라! 하나님이 포기하지 않은 일을 우리가 포기하는 것은 교만이다.

한국 교회여, 본질을 회복하라. 예수님이 가르쳐 주시고 행하신 대로만 하면 교회는 반드시 승리한다.

다음 세대들이여, 나의 꿈이 아닌 하나님의 꿈을 품으라! 하나님의 꿈 안에는 무한한 능력과 가치가 있다. 결코 후회하지 않을 꿈이다! 오늘도 하나님의 꿈을 가진 사람을 찾으신다.

형제자매 여러분, 여러분이 부르심을 받을 때에, 그 처지가 어떠하였는지 생각하여 보십시오. 육신의 기준으로 보아서, 지혜 있는 사람이 많지 않고, 권력 있는 사람이 많지 않고, 가문이 훌륭한 사람이 많지 않았습니다. 그런데 하나님께서는, 지혜 있는 자들을 부끄럽게 하시려고 세상의 어리석은 것들을 택하셨으며, 강한 것들을 부끄럽게 하시려고 세상의 약한 것들을 택하셨습니다. 하나님께서는 세상에서 비천한 것들과 멸시받는 것들을 택하셨으니 곧 잘났다고 하는 것들을 없애시려고 아무것도 아닌 것들을 택하셨습니다. 이리하여 아무도 하나님 앞에서는 자랑하지 못하게 하시려는 것입니다. _새번역 고린도전서 1:26-29

6.

교회는
종합병원이다

일반적으로 교회를 정의할 때 '예수 그리스도의 보혈로 어둠에서 빛으로 불러냄을 받은 무리들'이라고 한다. 교회는 그리스도를 주로 영접한 사람들이다. 건물보다 중요한 것이 사람이다. 건물을 위해서 사람이 있는 것이 아니다.

어떤 교회는 예배당을 건축하다가 사람을 다 잃어버리거나 사람에게 투자하는 것 보다 건물에 더 많은 투자를 한다. 일반적으로 예배당을 '성전'이라고 말을 한다. 이 말은 틀린 말이다. 전혀 성경적이지 않은 표현이다.

성경에서는 '성전'을 말할 때 '그리스도인들의 몸'이 성전이라고 말씀하고 있다. 예수님은 사람의 손으로 지은 성전을 허물라고 말씀하시면서 친히 삼일 만에 다시 세우시겠다고 하셨다. 예수님이 세우시려는 성전은 건물이 아니라 그리스도의 몸인 교회, 다시 말해 '성도'를 세우시겠다는 것이다.

그런데 오늘날, 예수님이 허물어 버린 건물을 다시 세우고, 더 크게 지으려고 하고 있으니 큰 문제다. 본질이 무너지고 있는 것이다. 교회 건물을 크게 지어 놓고 "하나님이 하셨습니다. 하나님께 영광"이라고 말하곤 1, 2년 만에 경매에 나오는 교회당이 한두 개가 아니다. 그러다 이단들에게 건물이 팔려 십자가가 떼어지고 그들의 간판을 붙이는 교회당이 얼마나 많은가? 한국 기독교인의 숫자는 줄어들고 있는데 목사의 숫자는 늘고 교회당은 커진다. 다음 세대들은 교회를 떠나고 가나안(안나가) 성도들은 많아지는데 그들을 세울만한 실질적인 대안은 없다.

이스라엘에 의리의리하고 화려한 기념교회당은 많은데 그곳에 예수님은 계시지 않고 성령의 역사가 멈춰버린 것처럼, 종교개혁을 일으켰던 프라하, 독일 등 유럽에 예수는 없고 관광객들로 가득 채워진 것처럼, 한국 교회 또한 이와 같은 길을 걸어가고 있다. 그것도 유럽은 수백 년에 걸쳐 점차적으로 줄어든 반면 한국은 급속도로 줄어들고 있으니 더 큰 문제다.

교회는 사람들이 모이는 곳이다. 어떤 사람들인가? '그리스도인들이 모이는 곳?' 아니다. 그리스도인들이 모이는 곳이 아니라 병든 자, 가난한 자, 상처 받은 자, 고아와 과부, 죄인들이 먼저 모이는 곳이다. 그들이 교회 공동체에 나와 말씀으로 치유 받고 회복되어 그들이 그리스도인이 되어 공동체를 이루는 곳이 교회인 것이다. 예수님 주변엔 언제나 건강한 사람보다는 아프고 병들고 소외되고 불쌍한 사람들이 대부분 모여 들었다.

오늘날 교회는 어떤 사람들이 모이는가?

어떤 교회는 정치인이 있다는 것을 자랑한다. 어떤 교회는 연예인이 있다고 자랑하고 대기업 회장님이 우리 교인이라고 자랑을 한다. 한번은 인천으로 집회를 갔는데 한 학생이 내게 이런 말을 한다.

"목사님, 저희 교회도 오셔서 집회해 주세요. 저희 교회는 5천 평입니다."

"우리 교회는 예수님께 미친 사람들이 가득합니다. 우리 교회는 순교자가 몇 명이 있습니다. 우리는 죽으면 죽으리라 일사각오로 살아가는 사람들이 모인 교회입니다. 우리 교회는 모든 성도가 제사장입니다"라고 자랑하는 교회는 그리 많이 보질 못했다.

교회를 이전하려고 준비하는 가운데 한 교회 건물이 나와서 성도들과 함께 건축헌금을 모았다. 현찰로 6억이 필요했다. 성도들은 몇 명 되지 않지만 함께 마음을 모아 1억 2천만 원 정도를 모았다. 개척교회로선 그 금액도 큰 액수였다. 결국 6억을 다 마련하지 못해 그 교회로 들어갈 수 없었다. 그러자 그 교회 사모님이 하시는 말이다.

"목사님, 지하교회나 상가교회에 있으면 안 됩니다. 목사도 다 같은 목사가 아닙니다. 교회를 건축한 목사가 진짜 목사입니다. 건축해서 자기 건물 가지고 있어야 어디 가서도 큰 소리 치고 그 때부터 진짜 목회하는 것입니다."

건축한 목사는 참 목사고 상가교회 목사는 거짓 목사인가? 도 대체 교회가 무엇인가? 교회 지도자라고 하는 사람들부터 생각이 세상 가치관과 자본주의로 물들어 있으니 이 땅에서 주님의 교회 를 찾아보기가 어려운 것이다.

교인들도 지하실 개척교회, 상가교회, 미자립교회는 잘 가지 않 으려고 한다. 일을 더 많이 해야 할 것 같고, 헌금도 많이 해야 할 것 같으니 꺼려한다. 커피 한잔의 여유를 즐길 수 있고, 때때로 기 독교 문화공연도 즐길 수 있는 문화센터가 있는 그런 교회, 냉난 방 시스템도 잘 되어 있고 양육시스템도 잘 되어 있어서 지적 수 준을 높일 수 있는 그런 교회를 찾아간다. 예수님이 이 땅에 다시 오신다면 예수님은 어느 교회를 가실까? 이 땅에는 더 이상 예수 님이 필요치 않은 교회들이 많이 있다.

교회는 아픈 사람들이 모이는 곳이다. 환자들이 모이는 곳, 그 래서 종합병원이다. 정신질환, 우울증, 중독증, 폐쇄증, 각색질병, 부러지고 찢어지고 영양실조에 걸린 사람, 이 병, 저 병에 걸린 사 람들이 모인다. 우는 사람, 소리치는 사람, 때리는 사람, 욕하는 사 람, 별의별 사람들이 다 있다.

물론 병원엔 환자들만 있는 것은 아니다. 의사도 있고 간호사도 있고 도우미들도 있다. 의사 중에는 레지던트도 있고 인턴도 있고 교수도 있다. 그들이 환자들을 섬기는 것이다.

'주님이꿈꾸신교회'를 보면 종합병원이라는 것을 알 수 있다. 어쩜 그렇게 문제 있는 사람들만 모였는지, 아픔과 상처와 가난과 인생의 고통의 문제들을 가진 사람들이 모였다. 겉으로 볼 때는 아무런 문제가 없어 보이는데 삶의 깊은 곳을 말씀으로 터치하면 실체가 다 드러난다. 하나님은 그런 인생들을 모아 말씀으로 치유하시고 회복시켜 하나님의 사역을 감당케 하신다.

가끔은 이런 기도를 할 때가 있다.

"하나님! 멀쩡한 사람, 건강한 사람, 있는 사람 좀 보내 주시면 안돼요? 왜 우리 교회엔 연약한(?) 사람들만 보내 주시나요?"

어려서 가족 친척으로부터 성추행, 성폭행을 당한 아이들, 자녀들을 버리고 떠난 부모로 혼자 살아온 아이들, 부모의 이혼으로 홀부모라는 내면의 상처를 지니고 살아온 아이들, 무절제함으로 무능력한 아버지로 술과 폭력으로 고통을 당하는 아이들과 그들의 엄마, 부모가 경제적으로 사고치고 뒷수습은 자녀들이 해야 하는, 그래서 대학도 포기하고 일찍이 치열한 삶의 현장 속으로 뛰어든 청년들, 엄마 아빠처럼 살지 않겠다던 아이들이 이젠 엄마와 아빠와 똑같은 삶을 살아가면서 울고 있는 이들, 자식이 속 썩이고 사고 쳐서 평생 눈물을 흘리며 고생하는 엄마, 믿지 않는 부모를 둔 자녀들이 교회에 나와 부모를 위해 기도하지만 믿음의 뿌리가 없고 기도해 주는 믿음의 부모가 없어서 금세 흔들리고 다시 세상으로 떠나는 아이들, 꿈도 소망도 없이 살아가는 다음 세대들, 다른 교회는 다 괜찮은(?) 사람들만 교회를 다니는 것 같은데 왜 우리 '주님이꿈꾸신교회'는 이런 아픈 사람들이 많이 오는 교회인가?

"하나님, 세상이 품을 수 없는 사람들, 평범한 교회가 품을 수 없는 사람들을 품을 수 있는 교회가 되게 하시옵소서. 가난하고 소외되고 아픈 사람들을 보내 주시옵소서. 꿈도 소망도 없이 살아가는 다음 세대들을 보내 주시옵소서. 그리고 있는 사람도 보내 주시옵소서!"

'주님이꿈꾸신교회'를 개척했을 때 하나님께 그런 기도를 해서일까 하나님은 그런 분들을 보내 주셨다. 얼마나 감사한 일인가? 그들을 품고 기도할 수 있으니, 그들을 세워서 함께 하나님의 일을 감당하고 있으니 얼마나 감사한가? 보잘 것 없는 우리를 통해서 일하시는 하나님이시기에 우리가 자랑할 것은 오직 하나님 한 분 밖에는 없다. 적은 능력 가지고 큰일을 감당케 하시는 하나님이 계시니 다시 힘을 내어 한 걸음씩 내딛어 보는 것이다.

교회는 종합병원이다.

7.

예수님을 만난
사람들

예수님을 만난 사람들은 수많은 간증들이 있다. 삶의 변화부터 시작해서 순교자의 삶으로 살아가는 이들은 사도행전 초대교회 이후 이천 년이 지났어도 동일하게 일어난다.

집회를 마치고 나면 많은 이들이 감사의 편지나 카카오톡 메신 저로 감사의 메시지를 보내온다. 난 그저 예수 그리스도의 복음을 전했을 뿐인데, 사람들의 비유를 맞추거나 귀를 즐겁게 하는 설교를 한 것도 아닌데, 오히려 부담이 되고 마음에 찔림을 받는 설교를 했을 뿐인데 그네들은 '감사하다', '은혜 받았다', '살아계신 예수님을 만났다', '신앙생활 처음으로 눈물 콧물 흘리면서 기도해 봤어요.', '목회자 자녀로 자랐지만 예수님을 믿지 않았어요. 처음으로 예수님을 믿게 되었어요.', '우리 아이가 달라졌어요.'라며 눈물을 흘리기도 한다.

40대 술중독자분이 우연히 유튜브에서 내 설교를 듣다가 하염없이 눈물 콧물 흘리며 회개하게 되었다면서 감사의 메일을 보내고 새벽 4시에 전화를 해서 감사하다는 황당한 고백 또한 감사하다.

새벽 3시가 넘었는데 모르는 번호로 전화가 와서 받았더니 우리 교회 성도도 아닌데 남편과 자녀문제로 상담을 해달라고 한다. 오죽 답답하고 힘들었으면 나에게 전화를 했을까 생각해서 한참을 상담해 줬더니 감사하단다. 어떻게 내 번호를 알아서 전화했느냐고 물었더니 '큰 교회 목사님은 바빠서 상담도 안 해 주실 것 같고 그런데 목사님은 내 이야기를 다 들어주실 것 같아서 무례히 전화를 했다'는 것이다. 정말 무례하다. 그래도 감사하다. 나 같은 자에게 전화를 하고 고민을 털어 놓고 함께 기도하면서 회복되었다니, 그렇게라도 나를 써주신 하나님께 감사할 뿐이다.

미국 유학하는 동안 5년 간 유튜브를 통해서 내 설교를 들으면서 영적으로 충전하고 많은 성장이 있었다며 감사의 카톡을 보내지 않으면 안 될 것 같아 조심스레 카톡을 보낸 목회자 자녀 21살 대학생의 카톡은 개척하면서 낙심이 찾아왔던 내게 다시금 용기를 주기도 했다.

부산에 사는 아이 둘을 둔 한 자매는 2년 동안 내 설교를 들었다며, 영적으로 무뎌지고 복음에 대해 갈급할 때 유튜브를 통해 내 설교를 들으면서 자신의 영적 상태를 돌아보고 신앙을 회복할 수 있었다며 감사의 카톡을 보내왔다. 가까이만 있으면 당장이라도 '주꿈교회'로 가고 싶은데 자유롭지 못한 남편 때문에 영상으로만 은혜를 받고 있다기에 남편의 직업을 물었더니 '부목사'란다. 어린이들도, 사춘기 청소년들도, 헬조선하려는 청년들도, 장년들도, 교사도, 사역자도 감사하다며 손을 잡아주기도 하고 페친(페이스북 친구)을 요청하기도 한다.

귀한 분들의 감사의 메일이나 문자를 받으면 내 자신을 더 돌아보게 된다. '내가 무엇이관대…' 더 잘 살아야겠다는 부담감이 밀려온다. 삶의 작은 부분이겠지만 그들이 나눠줬던 감사를 지면을 통해 많은 분들과 함께 나누려고 한다.

▼ 2015년 25차 겨울 유스비전캠프

Story
1
40대 술중독자로부터 온 메일

술중독자입니다. 10대 후반에 배운 술이 지금껏 왔네요.

목사님 오늘도 주님에 음성 들려주셔서 감사합니다. 술을 끊는다는 건 세상 것을 끊는다는 건, 정욕을 끊는다는 건, 담배를 끊는다는 건 엄청 어려운 일인 거 같네요. 어젠 술을 끊겠다고 일 끝나고 슈퍼도 안 들리고 바로 집에 왔어요. 그리곤 바로 엎드려 기도했어요. 짧지만 진정으로 했던 거 같네요.

계속 술 생각이 들어 도저히 참을 수가 없어서 목사님 설교를 보

고 또 봐도 안 될 거 같아 또 엎드려 울면서 콧물이 나올 정도로 기도
로 매달렸습니다. 살면서 이렇게 울면서 기도해 본 적이 없었네요.
그리곤 컴퓨터로 다시 목사님 동영상을 보다가 잠이 들었습니다.

꿈을 꿨습니다. 아주 무서운 꿈을요. 어느 동굴 같은데 거길 뚫고
도망을 가는데 시커먼 그림자가 저를 덮쳐 너무 무서워서 도망치다
결국엔 그 시커먼 그림자에 잡혔어요. 그렇게 오늘도 새벽3시 쯤 넘
어서 깼어요. 그리곤 울면서 또 엎드려 기도했어요.

혼자 기도한다는 게 너무 자신 없어서 목사님 설교를 들으면서
또 엎드려 울면서 "예수의 이름으로 물러갈 지어다." 수십 번 수백
번 울부짖었어요. 얼마 지나 조금은 나아진 거 같아 잠을 청했습
니다.

목사님, 여러모로 감사드립니다. 주님 감사합니다.

 Story 2 죽고 싶었지만 이젠 살고 싶어요

목사님 안녕하세요. 늦은 시간에 죄송하지만 목사님께 감사드
리고 싶어서 보내요. (새벽에 카톡으로 장문을 보내왔다)

사실 저는 이번 집회하기 전에 예수님을 안 믿었어요.

가족이 전부 다 교회 다니고 저도 모태신앙이었지만 교회 다니
기 싫어서 매일 예수님과 교회 욕을 하고 다녔어요.

그래서 이번 집회 때도 중간에 나갈 생각이었는데 목사님 설교
를 듣고 나서 너무 눈물이 났어요. 전 너무 힘들었거든요. 매일 매

일이 우울하고 죽고 싶은 생각 밖에 없었어요.

'정말 예수가 있다면 나는 왜 이렇게 살아야 하나?' 매일 원망하고 저주했어요.

아무도 제겐 위로가 되어 주지 않았죠. 그런데 목사님이 전하신 말씀에 예수님은 내가 아파하는 만큼 예수님도 아파하신다고 하시잖아요. 저는 그런 예수님께 너무 감사했어요.

너무 죄송하고 감사해서 설교를 듣는데 눈물이 났어요. 그래서 주님 앞에 회개하고 주님만 믿고 살기로 했어요. 목사님 말씀에는 힘이 있는 거 같아요.

목사님 앞으로도 저 같이 예수님을 외면하고 고통 받고 죽고 싶어 하는 아이들을 살려 주세요. 목사님 정말 감사합니다. 우리 끝까지 믿음 지키고 살면서 천국에서 만나요.

목사님 안녕하세요!

○○교회 중등1부 총무교사 김○○입니다.

3박 4일 동안 목사님을 통해 하나님의 말씀을 듣고 깨닫게 되어 감사드립니다.

저희 부서 학생들도 이번 수련회에서 큰 은혜를 받았습니다.

오늘 저녁 식사 전에 학생들로부터 '새로운 방언을 받고, 사람들을 용서하고, 찬양의 기쁨을 얻고, 말씀을 경외하고, 순종한다.'는 간증들을 잠깐씩 나누게 되었습니다.

하나님께서 보내주신 목사님을 알게 되어 감사드립니다. ^^

저도 큰 은혜를 받았습니다.

목사님께서 교회 도착하셨을 때 제가 처음 목사님을 뵙고 안내해 드린다는 걸 경황이 없어 제대로 모시지 못해 못내 마음이 어려웠습니다.

저도 영적으로 너무나 갈급하여 3일 금식을 작정하고 금식 마지막 날, 설교 중 찬양에 은혜를 받으며 발과 다리가 묶이는 듯한 느낌을 받아 설교 중에 한 동안 서 있던 그런 경험은 처음이었습니다. 많은 학생들과 복음의 진수, 말씀 경외함을 배우고 알게 되었습니다.

조금 아쉬운 건 목사님께 한 번도 안수기도를 못 받아 아쉽습니다. ^^;

학생들을 바라보며 하나님 나라를 위한 세계적인 신앙의 인물들이 나올 거라는 희망을 가지며 그동안 교사로 봉사하였지만, 부끄럽게도 20년 넘는 신앙생활하는 지금까지 성경 10독을 못한 채 '학생들에게 무엇을 먹일 수 있겠는가' 하는 책망의 말씀과 부족함을 느끼고 다음 동계수련회까지(5개월 안으로) 성경통독 10번을 채우는 것이 아닌 '처음부터 한 번에 10독을 해보자'라는 목표도 세우게 되었습니다.

목사님을 통해 사랑과 질서, 그리고 선하신 하나님을 알게 되어 더욱 감사드립니다. ^^

앞으로 목사님의 사역을 위해 항상 중보기도하겠습니다. ^^

이 늦은 시간에 두서없이 작성하여 죄송합니다. ㅜㅜㅜ

댁에 조심히 들어가시고 평안한 밤 되세요.~ ^^*

 관절염이 다 나았어요

안녕하세요. 목사님 ♥

전 소현이예요.

부평○○교회 수련회에서 목사님께 기도 받았던 학생이에요.

정말 너무 감사드립니다. ♥

1년간 물리치료 받아도 낳지 않던 다리였는데 목사님 기도로 다 낳았습니다. ♥

어제 설교 말씀 정말 많이 공감됐어요.

저도 모태신앙인데 교회를 매주 놀러 가다시피 했고 기도도 안 했고 4학년 때는 정말 큰 죄도 지었어요.

4일간 목사님 덕분에 눈물 흘리며 최고의 회개시간이었습니다.

정말 너무 감사합니다. 나중에 또 오셨으면 좋겠어요. ♥

 TV보다 더 재미있는 말씀 시간

감사합니다. 주님, 제가 이 캠프를 가기 전까지만 해도 인상을 찡그리고 기도도 찬양도 열심히 안 했는데, 캠프를 다녀와서 많이 웃게 되었습니다.

전 캠프 가기 전만 해도 기도할 때 '왜 울지?'라고 생각했습니다.

하지만 캠프를 통해 '주님을 믿는 마음에 우는 것'이라고 생각하였습니다.

휴대폰 없이, TV 없이 즐겁게 설교 들을 수 있다는 것을 깨달았습니다.

감사합니다. 주님. 캠프를 가기 전 제 모습은 설교도 잘 안 듣고, 설교시간에 졸고, 친구들과 장난을 쳤습니다. 그리고 '유스비전이 뭐가 재미있겠어' 했습니다.

설교를 듣고 난 후 그 즐거움이 있었습니다. 휴대폰과 TV 없이 잘 지낼 수 없을 것 같았는데 잘 지낼 수 있었습니다.

캠프를 통해 기도를 열심히 할 수 있는 은혜를 받을 수 있었습니다.

저는 둘째 날 마지막 집회 때 참여했습니다.

일을 마치고 바로 온 것이라서 몸이 굉장히 피곤하고 힘들었습니다. 하지만 유스비전 캠프에서 장용성 목사님이 하시는 말씀들이 채찍과 같이 들렸습니다.

저는 주님을 편하게만, 내가 믿고 싶은 대로만 믿었고 나만 생각했던 신앙이었습니다. 그러나 바울이 주님을 만난 후 변화되어 복음 전하다 감옥에 갔어도 그곳에서 기쁨의 찬양과 기쁨의 기도를 한 것처럼 나 또한 힘들고 어려운 일이 앞으로도 더 많이 있겠지만 이겨낼 수 있을 것 같습니다.

이 캠프가 나에게는 채찍이 되었습니다.

주님이 언제든지 나를 부르시고 언제든지 사용하실 수 있게 항상 준비된 자가 되어야겠습니다. 비록 말씀도 한 번 밖에 못 들었지만 그 말씀으로 큰 위로받고 큰 기쁨 허락해 주셔서 감사합니다.

신나게 뛰면서 찬양하니 가슴이 뜨거워지고 너무나 기뻤습니다.

나를 이곳에 올 수 있는 여건 주시고 인도해주셔서 정말 감사합니다.

"꼭 올 한해 성경 1번 통독!!"

Chapter 5

사명자여,
세계 열방을
품으라!

Sending • 보내심

나에겐 달려갈 길과 주 예수께 받은 사명이 있다.

모든 민족을 제자 삼는 비전이다.

하나님을 알지 못하는 이들에게

예수 그리스도 복음을 전해

하나님을 알게 하고

그들로 하나님을 예배하게 할 사명이다.

예루살렘

온 유다

사마리아

땅 끝

내가 밟는 모든 땅 주를 예배하게 하리라!

세계 열방은 내게 주신 목장이다.

1.

가깝고도 먼 나라
일본

2007년 2월 9일, 우리 가족은 청년들과 함께 일본 1차 전도여행을 떠났다. 한국보다 먼저 기독교가 들어왔지만 지금은 기독교가 0.42% 밖에 되지 않는 복음의 불모지와 같은 나라, 우상만 해도 8천 개가 넘을 정도로 국가적으로, 개인적으로 우상숭배와 제국주의가 여전히 강한, 예수 복음이 절실히 필요한 가깝고도 먼 나라 일본이다.

일본 선교의 마음을 가진 청년들과 함께 '후나바시'라는 지역으로 일본 선교의 첫발을 내딛었다. '후나바시교회'를 담임하는 '카키자키 센세이'(목사)의 공항 픽업으로 교회까지 안전하게 도착할 수 있었다. 우리는 일본 교회 가족들과 간단한 인사를 나누고 나는 일본 목사님과 대화를 나누는 동안 청년들은 소그룹실에서 쉬고 있었다.

한 십여 분이 흘렀을까? 함께 간 다섯 살 된 딸 혜림이가 교회 부엌 쪽으로 혼자 달려갔다. 나는 그 모습을 보면서 '뭐 하러 가나?' 속으로 생각하면서 일본 목사님과 계속 얘기를 나눴다. 그런데 잠시 후, 혜림이의 비명과 함께 울음소리가 들렸다. 그 소리를 들은 자매청년이 황급히 부엌으로 뛰어 들어갔고 나도 놀라 부엌으로 뛰어 들어갔다. 자매청년은 혜림이를 안아서 손을 싱크대 쪽으로 향하고 물을 틀어 놓았다. 나는 순간 '혜림이의 손가락이 잘라졌나!'라는 생각을 했다.

"왜 그래, 무슨 일이야?"
"혜림이가 뜨거운 물에 손을 데었어요."
"아이를 잘 봐야지, 담당 교사가 아이를 혼자 보내면 어떻게 해?"

나도 모르게 버럭 소리를 질렀다.
혜림이는 야식을 먹겠다고 컵라면을 들고 부엌으로 가서 전기 온수기를 혼자 사용하다가 작동을 잘못해서 펄펄 끓은 뜨거운 물을 손등에 그대로 쏟은 것이었다. 선생님도 놀라 혜림이를 안은 채 차가운 물로 손을 식히며 울고 있고, 혜림이는 화상을 입어 자지러지게 울고 있고, 나는 선생님에게 화를 내고 있었다. 일본 선교하겠다고 처음 온 날 벌어진 일이다.

차가운 물로 손의 열기를 어느 정도 식히고 손을 봤더니 이미 손은 피부가 다 벗겨진 상태였고 속살이 빨갛게 다 드러나 있었다. 이미 밤 11시가 넘은 시간이었고 병원에 가야겠다는 생각도 하지 못한 상황이었는데 마침 일본 목사님의 사모님이 간호사여서 응급조치로 소독약을 뿌리고 붕대를 감은 채 얼음으로 열기를 내리기로 했다.

"아깐 내가 소리 치고 화를 내서 미안해. 괜찮을 테니까 너무 걱정하지 마."
"죄송합니다. 목사님."
"아냐, 괜찮아. 늦었으니까 모두 들어가서 자."

팀원들을 숙소로 보내고 우리 부부도 혜림이를 데리고 방으로 들어왔다. 일본 주택은 온돌방도 아닌데다 작은 히터 하나로 겨울을 난다. 우리가 갔을 때는 이미 추운 겨울이었는데 숙소로 쓰라고 준 방은 평소에 쓰지 않는 방에다가 난방이 안 되니 두꺼운 옷을 입고 있어도 이가 '다다다' 떨리는 그런 방이었다.
침대 하나에 혜림이를 가운데 두고 나와 아내는 옆으로 누웠다. 혜림이는 손이 아파서 내리지도 못하고 하늘을 향해 든 채 아프다며 울고 있었다.

"많이 아파?"
"아파."

딸은 아프다고 울고 있고 방은 히터를 켜도 춥고 나와 아내는 아무런 도움을 줄 수 없는 상황이었다. 선교하겠다고 온 첫날 '왜 이런 일이 일어났을까?' 생각해 보지만 속이 상하고 마음만 아플 뿐이었다.

"혜림아, 아프면 아빠가 기도해 줄까? 기도하면 어떤 병도 나을 줄 믿지? 예수님이 치료해 주실 텐데 아빠가 기도해 줄게?"

"엉, 기도해 줘어어어어!"

딸은 이를 '달달달' 떨면서 아빠에게 기도해 달란다. 붕대를 감은 혜림이의 손을 잡고 머리에 손을 얹어 기도했다.

"하나님, 선교 온 첫날 혜림이가 화상을 입었습니다. 아직 시작도 안 했는데 이 일로 선교가 방해되는 일은 없어야 합니다. 예수님께서 혜림이의 손을 만져 주시고 깨끗하게 치료해 주셔서 새살이 돋아나고 피부에도 아무런 이상이 없게 하여 주시옵소서. 예수님의 이름으로 기도합니다."

"아멘!"

"혜림아! 괜찮을 거야. 걱정하지 마. 예수님이 깨끗하게 고쳐 주실 거야."

혜림이는 "아멘" 하면서도 여전히 울면서 이를 떨고 있었다. 딸은 밤새 손도 못 내리고 시름시름 앓으며 칭얼대다 늦은 밤이 되서야 잠이 들었다.

그날 밤 나는 하나님께 기도했다.

"하나님, 왜 이런 일이 일어난 것입니까? 선교하겠다고 어린 아이까지 데리고 왔는데 왜 이런 어려움이 찾아 왔습니까? 아직 시작도 안 했는데, 이제 내일부터 바쁘게 움직여야 하는데 어떻게 해야 합니까?"

안타까운 마음에 하나님께 기도하는데 하나님께서 말씀해 주신다.

"사랑하는 아들아, 네 딸이 다치니까 마음이 아프냐?"

"당연하지요. 딸이 화상을 입어 손등이 다 벗겨지고 저렇게 아파서 손도 못 내리고 신음을 하고 있는데 왜 마음이 안 아프겠어요?"

"많이 아프지?"

"그럼요."

"나도 죄인인 너희들을 구원하려고 나의 하나 밖에 없는 사랑하는 아들 예수를 십자가에 못 박아 죽였다. 내 마음은 어떻겠느냐? 너희를 사랑해서, 너희를 구원하려고, 내 마음은 더 아팠다. 이 민족도 내가 사랑하는 민족이다. 세계 모든 나라, 모든 백성 전부 나의 사랑하는 자들이다. 너의 딸을 통해 나의 마음을 알길 바란다."

　내가 딸의 아픔을 아파하는 것 이상으로 하나님은 나와 주의 백
성들을 아파하고 계셨다. 하나님의 사랑이 얼마나 큰지를, 그리고
아들의 고통스런 마지막 외침이 얼마나 하나님 아버지의 마음을
아프게 했을지를 조금이나마 느끼고 나니 하나님 아버지의 아픔
을 이해한다고 했던 내 자신이 부끄러워졌다.

　그 다음 날 일어나 딸의 붕대를 푸니 손등은 까맣게 화상을 입
었고 피부가 전부 벗겨져 속살이 보였다. 소독을 하고 다시 붕대
를 감았다. 그리고 오전부터 계획되어 있던 일정들을 진행하느라
병원에도 가지 못한 채 전철역 앞 찬양전도, 집회를 인도했다. 10
일 간의 모든 일정을 마치고 한국으로 돌아왔다. 한국으로 돌아와

서도 밀린 업무를 마무리 하느라 이틀을 더 보내고 난 다음 화상 전문병원을 찾아갔다.

"13일 전에 일본에서 뜨거운 물로 화상을 입어서 왔습니다."
"……"

의사 선생님은 한참을 보시더니 입을 여신다.

"괜찮은데요?"
"수술해야 하는 것 아닌가요?"
"이미 새살도 나오고 … 일주일 뒤에 한 번 더 오셔서 보시면 될 것 같습니다."
"정말 수술 안 해도 되는 거예요?"
"멀쩡합니다."

하나님은 딸의 손을 깨끗하게 치료해 주신 것이다. 흉터 하나 없이 새살이 돋게 하셨다. 여자아이의 손이 화상을 입으면 평생 손에 대한 트라우마를 안고 살아갔을 텐데 하나님은 딸을 통해서 하나님의 뜻도 깨닫게 하시고 하나님의 살아계심도 경험케 하셨다.

선교현장 속에서 일하시는 하나님은 하나님의 일을 했을 때 나를 의의 길로 인도하셨다. 사망의 음침한 골짜기로 다닐지라도 해를 두려워하지 않을 것은 주께서 나와 함께 하시기 때문이다.

가깝고도 먼 나라 일본, 그 땅도 하나님의 땅이며 여전히 하나님은 그 백성을 사랑하신다. 하나님이 사랑하신다면 나 또한 사랑해야 할 땅인 것이다.

일본 선교하러 간다고 하니 어느 분이 이런 말을 한다.

"일본은 방사능도 유출되고 지진도 있고 위험한데 왜 가려고 합니까? 지금은 일본 가면 안 됩니다. 위험해요."

일본은 위험하니 가지 말라는 것이다. 방사능이 유출되어서 안 되고, 테러 있어서 안 되고, 지진과 전쟁 있어서 안 된다면 언제, 어디를 가야 하는가? 찬양은 '부름 받아 나선 이 몸 어디든지 가오리다, 주님이 홀로 가신 그 길 나도 따라가오, 나는 가리라 주의 길을 가리라 주님 발자취 따라 나는 가리라' 부르는데 정작 가라고 하면 이유가 많아서 못 간다는 것이다.

'쿼바디스 Quo vadis'라는 영화가 있었다. 네로 황제의 핍박을 피해 로마를 등지고 도망가는 베드로는 예수님과 마주친다. 그때 베드로는 예수님께 묻는다.

"쿼바디스 도미네 Quo Vadis Domine, 주여 어디로 가시나이까?"
"나는 네가 등진 로마로 들어간다."

오늘도 주님은 내가 등진 그 땅으로 들어가고 계시진 않을까? 자식이 있어서 안 되고, 가족이 있어서 안 되고, 직장 때문에 안 되고, 학교 때문에 안 되고, 내가 좋아하는 나라가 아니어서 안 되고, 이래서 안 되고 저래서 안 된다면 당신은 주님을 따르는 제자일까?

"비바람이 앞길을 막아도 나는 가리
주의 길을 가리
눈보라가 앞길을 막아도 나는 가리
주의 길을 가리"

"주여 내가 여기 있나이다. 나를 보내소서."

2

북한을 위하여
기도하라

오픈도어선교회[19]가 발표한 2015년도 기독교 박해순위를 보면 전 세계에서 크리스천들이 가장 극심한 박해를 받고 있는 국가로, 북한이 2002년 이후 13년째 1위를 차지하고 있다. 1908년 평양 대부흥이 일어나면서 제2의 예루살렘으로 불려졌던 평양에는 100년이 지난 지금, 십자가 대신 김일성, 김정은 동상이 자리를 차지하고 있다.

북한의 성도들은 핍박을 피해 지하 교회나 한겨울 눈 내린 산으로 올라가 하나님을 예배하고 있다. 소리 내어 찬양하고 싶어도 소리 낼 수 없고, 맘껏 부르짖어 기도하고 싶어도 소리 내어 기

---

19) 오픈도어선교회 홈페이지 https://www.opendoors.or.kr/

도할 수 없어 이불을 뒤집어쓰고 소리 없이 눈물로 기도하는 북한 성도들의 예배가 지금도 북한에선 잠잠히 드려지고 있다.

성경을 읽고 싶어도 성경이 없어 종이에 하나님 말씀을 기록하고 외우는 성도들, 성경을 갖고 싶어서 30년을 기도하였고, 어떤 이는 40년을 기도해서 성경을 받아 감격해 눈물 흘리며 기뻐하던 북한 성도들의 모습이 눈에 선하다.

2015년 4월 어느 날, 북한어 성경을 북한에 있는 성도들에게 배달하기 위해 중국을 다녀왔다. 하나님의 인도하심과 보호하심으로 안전하게 중국에 도착해 그곳에서 사역하고 계신 일꾼에게 북한어 성경을 전달했다. 그리고 압록강에서 중국관광 배를 타고 북한으로 잠시 들어갔다가 나오는 시간이 있었는데 아주 가까이서 북한 주민들과 군인들의 일상생활을 볼 수 있었다. 우리는 북한 군인들의 감시를 피해 배에서 일행들과 함께 찬양하며 하나님께 예배를 드렸다.

조선의 황무함을 보소서 하늘의 하나님 긍휼을 베푸시는 주여
우리의 죄악 용서하소서 이 땅 고쳐 주소서
이제 우리 모두 하나되어 이 땅에 무너진 기초를 다시 쌓을 때
조선의 우상들을 태우실 성령의 불 임하소서

시온의 영광이 빛나는 아침 어둡던 조선이 밝아오네
슬픔과 애통이 기쁨이 되니 시온의 영광이 비쳐오네

예수님께서 광야에서 길 잃어 방황하는 이스라엘 백성들을 측은히 여기시며 요한복음 3장 16절 말씀을 선언하셨던 것처럼 나 또한 예수님의 마음으로 황폐해진 북한 땅을 바라보면서 히브리어로 선포했다.

Ki ko ahav Elohim et ha-olam 키코 아하브 엘로힘 엣트 하올람
Ad ki natan Et B'no yechido 아드 키 나탄 엣트 브노 에히도
L'ma'an lo yovad Kol hama'amin bo 레마안 로 요바드 콜 하마아민 보
Ela yin-chal Chayei olam 엘라 인할 하에이 올람

하나님이 세상을 사랑하사 독생자를 우리게 주셨으니
주를 믿는 자마다 멸망치 않고 영원한 생명 얻으리

북한 땅도 사랑하시는 하나님 아버지의 마음, 그들도 하나님이 사랑하시는 백성이었다.

김일성 주체사상에 의해 수많은 고난과 고통을 당하면서도 끝까지 믿음을 지켜 나가는 북한에 있는 주의 자녀들을 바라보시는 하나님의 마음은 어떠실까? 선교팀 일행과 함께 북한 땅의 회복과 복음으로의 통일을 위해 눈물로 기도했다.

그날 저녁, 북한에서 탈북한 한 여인을 만났다. 그 여인은 북한

▲ 북한 남포시를 뒤로 하고

에서 도저히 살 수 없어 살기 위해 탈북했다. 공안을 피해 숨어 다니던 중 중국에서 사역하고 계신 선교사님을 만나 도움을 받게 되었는데 한 달 동안 여인을 도와가면서 선교사님은 예수님을 전했지만 여인은 거부하고 떠나 버렸다. 그러다 며칠 뒤 다시 선교사님을 찾아와 그 선교사님과 함께 지내면서 마음 문을 열고 복음을 듣고 예수님을 믿게 되었다고 한다.

그 후로 매일 기도할 때마다 몇 시간씩 눈물로 회개기도를 하는데 눈물이 수도꼭지가 열린 것처럼 그치질 않는다는 것이다. 어쩜 그리 회개할 것이 많은지 가슴을 찢어가며 매일 눈물로 기도를 해도 아버지 되신 하나님께 죄송한 마음뿐이란다. '아바이 김일성 수령 동지'가 아닌 '아버지 하나님'을 부르고 있었다.

찬양을 해도, 기도를 해도, 성경을 읽어도 눈물은 마르지 않고 지난 죄악 된 세월만큼이나 흐르더란다.

　1년 간 성경공부를 하면서 이 여인은 다시 북한으로 들어가기로 결심했다. 그리고 북한으로 들어가기 3달 전 우리 일행을 만난 것이다. 짧은 기간 예수님을 믿었지만 얼마나 하나님을 사랑하는지, 그리고 북한에 남겨진 영혼들을 사랑하는 마음이 얼마나 큰지, 이야기하는 한 시간 내내 눈물을 훔치며 흐느끼다 다시 하나님의 은혜를 쏟아 내었다. 그리고 마지막으로 부탁하는 기도 제목이 있었다.

　"목사님, 나를 위해 기도해 주시라요. 내래 북한에 들어가서 믿음 흔들리지 않도록 하나님 말씀이 나를 꽉 붙잡아 주시도록 기도해 주시라요. 고문과 죽음이 나를 기다린다 하여도 끝까지 그 길을 걸어갈 수 있도록 기도해 주시라요."

　살기 위해 탈북했던 한 여인이 이제는 예수님 때문에 죽기 위해 북한으로 다시 들어간다. 살기 위해 나왔다가 죽어가는 영혼들을 살리기 위해 북한으로 다시 들어간다. 세상과 적당히 타협하고 믿음에서 떠나 재물과 쾌락과 유흥의 우상 신을 따라 사는 남한 성도들을 애타하며 눈물로 기도하면서 북한으로 들어간다. 그분의 무릎 꿇은 모습 속에서 십자가 지시고 갈보리 언덕길을 오르시는 예수님의 모습이 보이는 이유는 무엇일까?

'나라면 과연 다시 북한으로 들어갈 수 있을까? 나라면 자유를 포기하고 죽으러 들어갈 수 있을까? 아무런 보장도 없는 그곳으로 다시 갈 수 있을까?'

그 순간 나는 내 신앙을 돌아보게 되었다. '목사라고 말은 하고 있지만, 설교를 하고 가르치기도 하며 찬양을 하고 기도도 했지만, 모태신앙으로 자라온 배경도 있지만 과연 저 여인의 선택을 나도 할 수 있을까?'를 생각하니 심장이 두근거렸다.

자신의 믿음이 흔들리지 않도록 기도해 달라는 탈북 성도를 위해 어깨에 손을 얹고 기도하는데 오히려 내 연약한 믿음을 회개하게 되고, 내 자신은 부끄럽지만 북한을 향해 떠나는 여인을 위해 기도하며 임마누엘 하나님으로 함께 해 주실 것을 위해 간절히 기도하며 여인도 울고 우리도 울었다.

하나님은 내가 밟아야 할 땅은 북한도 포함되어 있다고 말씀하셨다. 예루살렘과 온 유다와 사마리아와 땅 끝까지, 모든 나라 모든 족속이 내가 밟아야 할 땅임을 말씀해 주셨다. 분명한 것은 북한이야말로 마지막 땅 끝, 기독교 최대 박해 국가로 한민족인 남한 성도들이 품어야 할 민족이라는 것이다.

북한 지하교회 성도들이 돌을 주어 그 돌에 기도 제목을 써서 보내왔다. 그들은 무엇을 위해 기도하고 있을까? 내 손에 들려진 돌에는 이런 기도 제목이 쓰여 있었다.

"북한에 복음의 문이 열려서 다시 부흥이 일어나게 하소서."

북한 성도들은 먹을 것을 구하지 않았다. 자유를 구하지도 않았다. 부귀영화나 출세를 구하지도 않았다. 넓은 땅에 화려한 교회당 건축을 위해 기도하지도 않았다. 오직 복음의 문이 열리기만을 구하고 있었다. 복음으로 통일을 이루도록 기도하고 있었다.

북에 있는 지하교회 성도들은 복음 때문에 죽어가면서도 끝까지 성경을 손에서 놓지 않고, 입에서는 찬송이 끊어지지 않고, 기도가 그치지 않았다. 북한과 남한을 위해 기도하는 북한 성도들, 먼저 그의 나라와 그의 의를 구하며 하늘 소망 품고 살아가는 북한 성도들이 있기에 그나마 남한 교회가 버티고 있는 것은 아닐까! 하나님의 진노가 불순종하며 우상숭배와 타락으로 물든 이스라엘 백성에게 임한다 했을 때 모세는 "차라리 제 생명을 거두어 가시고 저들을 용서하여 주십시오" 했던 것처럼 하나님은 북한 교회 성도들의 기도를 들으시고 심판을 미루고 계시지는 않을까!

내년에는 평양 김일성 광장에서 남북한 다음 세대들이 모여 하나님을 예배할 날을 기대해 본다. 남한의 성도들과 북한의 성도들이 봉수대에 모여 '할렐루야'(헨델의 메시야)를 부르며 행진하는 날을 소망해 본다. 그들과 함께 예루살렘을 행진하며 하나님을 찬양할 날을 기대해 본다.

"주 예수여, 속히 이루시옵소서!"

3.

하나님의 도성
예루살렘

선교하는 이유는 하나님이 선교하시고 계시기 때문이며 하나님의 시선이 온 열방을 향하고 계시기 때문이다. 예수님도 "아버지께서 일하시니 나도 일한다"[20] 말씀하셨던 것 처럼 하나님의 관심이시기에 나도 관심을 갖는 것이고 하나님이 일하시니 나도 당연히 일해야 하는 것이다.

2011년 5월 10일 이스라엘 벤구리온 공항에 도착했다. 예수님이 태어나시고 사역하시고 죽으시고 부활하신 이스라엘, 그 땅을 밟은 것이다. 공기부터가 달랐다. 영적 고향에 온 듯했다. 그렇게 꿈에 그리며 가보고 싶어 했던 약속의 가나안 땅에 발을 딛고 있

---

20) 요한복음 5:17 그러나 [예수]께서는 그들에게 말씀하셨다. "내 아버지께서 이제까지 일하고 계시니, 나도 일한다."

으니 모든 것이 신비롭고 감격스러웠다. 모세는 얼마나 그 땅을 밟고 싶었을까!

이스라엘을 갈 수 있었던 것은 2009년 '주님이꿈꾸신교회'를 개척하고 1년이 되었을 때의 일이다. 한 달에 한 번씩 교회 목회자들이 모이는 지방회(노회)가 있다. 12월 정기총회에 신임회장 목사님이 2010년 한 해 동안 교인 수 비례 전도를 가장 많이 한 교회 목회자에게 이스라엘 성지순례 티켓을 주겠다는 선언을 했다. 대형교회보다는 개척교회에 유리한 조건이었지만 개척교회가 부흥한다는 것도 그리 쉬운 일은 아니었으니 모두가 도전하기로 했다.

2010년 1월 첫 주일예배 참석인원은 서른 명이었다. 개척 1년에 서른 명의 교회 가족이 생긴 것이다. 2009년 1월 안양 평촌 먹거리 촌 지하상가에 개척을 한다고 했을 때 딸 아이 유치원 원장선생님이 내게 한 말을 잊을 수 없다.

"목사님, 거기다 개척하시면 안돼요. 거긴 다 망해서 나가는 곳입니다. 개척하시려면 장소를 잘 알아보셔야 합니다."
"네, 조언 감사합니다."

그리고 1년이 지났고 '주님이꿈꾸신교회'는 망하지 않았다. 가족이 서른 명이나 생겼다. 그들에게 2010년 새해 첫 주일예배 때 이런 말을 했다.

"여러분이 저를 이스라엘 성지순례 보내 주실 수 있습니다. 헌금하라는 말이 아닙니다. 한 사람이 한 명씩만 전도하면 이스라엘에 갈 수 있습니다. 올 한해 열심히 전도해 봅시다."

어른 한 명에 나머지가 청소년 청년들이었다. 그러니 그들이 나를 어떻게 이스라엘을 보내줄 수 있겠는가! 전도밖엔 없었다. 그리고 12월이 되었다. 정기총회 결산을 하는데 회장 목사님이 약속대로 점검을 했다.

"1월 이후 50% 이상 전도 된 교회 있으시면 손 들어 주세요."

아무도 손을 들지 않는 것이다. 그때 나는 손을 번쩍 들었다.

"몇 명에서 몇 명으로 부흥했나요?"
"30명에서 60명이 되었습니다."
"와우 100% 부흥했네요. 다른 교회는 없나요?"
"……"
"장용성 목사님께 이스라엘 성지순례 티켓을 선물로 드리겠습니다. 축하합니다."

이스라엘 성지순례는 전도해서 받아낸 선물이었다. 나는 지금도 전도한다. 매년 교회에 등록하는 성도들의 70%는 나를 통해서 교회에 등록하신 분들이다. 목사는 전도하는 사람이다. 전도하지 않는 목사는 목사가 아니다. 나는 오늘도 잃어버린 영혼을 찾는다.

전도의 열매로 얻어낸 11박 12일의 이스라엘 성지순례는 내 생애에서 잊을 수 없는 행복한 시간이었다. 예수님의 발자취를 따라 거닐었던 약속의 땅, 그 땅을 내게도 주신 것이다. 지중해에 있는 '가이사랴'라는 도시엔 원형 경기장이 있다. 그 경기장은 지금도 잘 보존 되어서 몇 년 전엔 조수미가 공연을 하기도 했다. 그 공연장을 보는 순간 감동이 왔다.

'유스비전 듀나미스 찬양팀과 함께 이곳에서 찬양을 하며 집회를 하리라.'

12일 간의 감동의 성지순례를 마치고 돌아오는 길에 함께 했던 선배 목사님이 후배 목사님들에게 이런 말을 하신다.

"이스라엘 성지순례는 한 번만 와도 돼. 거기가 거기고, 볼 것도 갈 곳도 없어. 다음엔 유럽으로 가. 거긴 볼 것이 많아."

이스라엘을 두 번 방문하신 분의 이야기였다.

왜 이스라엘을 한 번만 오지? 왜 볼 것이 없지? 난 이 곳을 아주 많이 올 거야. 나만 올 것이 아니라 우리 교회 성도들도 데리고 오고 한국의 젊은이들과 더 많은 성도들과 함께 오리라 다짐을 했다.

교회에 돌아와 이스라엘에서의 감동을 말씀으로 나눴다. 그리고 성도들에게 선포했다.

"사랑하는 성도 여러분, 전 2년 뒤에 여러분을 모시고 이스라엘로 갈 것입니다. 그러니 지금부터 준비하시길 바랍니다."

2년 뒤, 2013년 3월 26일, 29명의 성도들과 함께 이스라엘 땅을 밟았다. 29명 가운데는 75세 되신 부모님도 계셨다. 아버지는 50여 년 동안 하나님을 떠나 살다가 74세에 주님 품으로 돌아와 주일 한 번 빠지지 않으시고 주일성수를 하시고 계셨고 1년 뒤 나는 부모님들을 모시고 이스라엘로 온 것이다. 하나님은 내 기도를 다 들어 주셨다.

특별히 우리가 이스라엘을 방문한 기간은 고난주간과 부활주일이 있는 주간이었다. 예수님의 발자취를 따라 갈릴리, 여리고, 베들레헴, 가이사랴 빌립보, 예루살렘을 거닐면서 하나님을 찬양하고 예배하며 이스라엘의 회복을 위해 선포했다.

그리고 2년 전 가이사랴 원형 경기장에 갔을 때, 찬양팀과 함께 이곳에서 찬양집회를 하리라 생각했었는데 함께 간 일행 중 찬양팀 멤버들이 있었고 많은 분들의 요청으로 우린 그 무대에 서서 히브리어로 '아론의 축복' 찬양을 했다. 캠프와 같은 찬양집회는 아니었지만 2년 전 품었던 다짐이 이루어지는 순간이었다. 얼마나 놀라운 일인가? 나의 작은 생각에도 응답하시는 하나님, 세미한

▲ 성분묘기념교회 앞에서

것까지 기억하시며 아들을 감동시키시는 아버지 하나님을 찬양하지 않을 수 없다. 언젠가는 찬양팀 모두가 함께 예배하며 찬양할 날이 올 것이다.

29일 성금요일, 예수님께서 십자가에서 죽으신 그날, 비아 돌로로사Via Dolorosa 고난의 길을 행진하며 찬양했다. 그리고 예수님이 십자가에 달려 죽으셨다는 성분묘기념교회Church of the Holy Sepulchre 에 예수님의 사랑을 기억하는 그 순간, 십자가에 달리신 예수님을 바라보시며 기도하고 계신 아버지가 눈에 들어왔다. 그리고 내가 예수님을 처음 만났을 때의 기도가 생각나게 하셨다.

"하나님 우리 아버지, 처음 사랑을 회복하고 주께 돌아와 하나님이 일을 하며 남은 삶을 드리게 하시옵소서. 노년이라도 하나님의 사역자로 써 주시옵소서."

하나님은 내 기도를 하나도 흘리지 않으시고 정확하게 들어 주시며 나를 위로해 주시고 계셨다.

이스라엘 예루살렘에서 맞는 부활의 주일 아침에 정원무덤교회에서 한국인 최초로 부활절 예배를 드렸다. 예수님이 부활하신 날, 그것도 이스라엘에 내가 서 있다는 것도 놀라운 일이지만 나의 사랑하는 부모님과 우리 교회 성도들과 함께 있다는 것은 잊을 수 없는 감동이었다.

성지순례를 마치고 공항으로 돌아오는 버스 안에서 모두가 감동의 순간을 나누는데 아버지의 차례가 되었다.

"감사합니다. 장용성 목사 아버지 장종남입니다. 여러분과 함께 했던 이 순간은 평생 잊을 수 없는 감동의 시간입니다. 행복했습니다. 한 가지 부탁드리는 것은 어렵게 공부하고 어렵다는 개척의 길을 가고 있는 아들 목사를 위해 기도해 주십시오. 베드로와 같은 사람을 낚는 어부가 되도록 기도해 주시길 바랍니다. 감사합니다."

아버지는 눈물을 참아가며 목소리가 잠긴 채 아들을 위해 기도를 부탁하신다. "베드로와 같은 사람을 낚는 어부가 되도록 기도해 주시길 바랍니다." 하시며 흐느끼신 아버지의 눈물을 나는 잊을 수 없다. 20여 년 동안 아버지를 위해 기도했던 순간들이 파노라마처럼 스쳐 지나갔다. 긴 터널을 지나오신 아버지는 아들을 위한 기도뿐 아니라, 이젠 민족과 열방을 위해 기도하시리라 기대한다.

"하나님께서 다 하셨습니다."

교회로 돌아온 성도들은 이스라엘에서의 은혜와 감동을 벅찬 가슴으로 나누었다. 주일예배 때 나는 또다시 선포했다.

"저는 이스라엘에 들어가서 여러분과 함께 '유스비전선교캠프'를 할 것입니다. 이스라엘 회복을 위한 하나님 아버지의 마음입니다. 함께 갑시다."

4.

이스라엘
유스비전선교캠프

2014년 5월 22일, 나는 다시 이스라엘로 들어갔다. 8월에 있을 제1회 이스라엘 유스비전선교캠프를 위한 답사일정이었다. 이스라엘에서 유스비전선교캠프를 하겠다고 선포한 후, 정확하게 1년 만에 다시 들어간 것이다. 집회할 장소인 호텔과 예수님의 발자취를 따라 갈 여정을 계획하고 다시 한국으로 돌아왔다.

그런데 7월, 갑자기 하마스가 이스라엘을 미사일로 공격하면서 전쟁이 시작되었다. 2, 3주면 전쟁이 마무리 될 거라 예상했는데 한 달이 되어도 끝나지 않는 것이다. 이미 선교캠프를 계획하고 함께 갈 선교팀 40여 명도 구성된 상황인데 전쟁은 더욱 치열해졌다. 결국 대한항공도 비행을 취소하게 되었고, 갈 수 있는 방법은 경유해서 가는 방법 밖에는 없는데 비용은 더 많아지게 되었다. 전쟁 소식으로 가려던 선교팀 멤버들이 하나둘씩 취소하기 시작했고, 선교캠프를 계속 진행해야 할지, 말지를 결정해야 하는 순간이 찾아왔다.

출발 10일 전, 티켓도 발권하지 못한 상황이었고 한국에서의 여름 유스비전캠프는 진행되고 있었다. 전체 선교팀에게 '예수님이라면 어떻게 하셨을까?' 하는 문자를 보냈다.

"현재 이스라엘은 전쟁 중입니다. 신변의 위험을 느끼시는 분이나 두려우신 분들은 취소하셔도 됩니다. 그러나 더 많은 비용과 위험 부담을 가지고서라도 꼭 가야겠다는 확신이 드는 사람들은 남아 주십시오."

30여 명이 취소하고 남은 사람은 10명, 나는 그들과 함께 이스라엘캠프를 진행하기로 결정했다. 유스비전캠프 둘째 날 저녁, 나는 이렇게 설교했다.

"제자 되길 원하십니까? 여러분은 제자입니까? 제자의 삶은 무엇입니까? 제자는 '자신을 부인하고, 자신의 모든 소유를 버리고, 내게 주어진 십자가를 날마다 지고 따라 가는 자'입니다. 전쟁과 테러가 있어서 못 가고, 방사능이 누출돼서 못 가고, 치안이 안전하지 못해서 못 가고, 지진과 화산폭발이 있어서 못 간다면 어디로 갑니까? 찬양할 때는 '부름 받아 나선 이 몸 어디든지 가오리다 괴로우나 즐거우나 주만 따라 가오리다 아골골짝 빈들에도 복음 들고 가오리다 어느 누가 막으리까 죽음인들 막으리까' 하면서 정작 전쟁과 테러가 일어나니까 갈 수 없다고 한다면 도대체 선교는 누가 하며, 예수님 가신 길은 누가 따라갑니까? 전쟁이 있어도 가야 합니다. 테러가 있어도 가야 합니다. 죽음의 위협이 기다린다 하여도 가야 합니다. 그 사람이 제자입니다. 그 길을 함께 가시지 않겠습니까?"

이스라엘 전쟁을 통해서 하나님은 '누가 순종하는지, 누가 믿음으로 살려고 하는지'를 지켜보고 계셨다. 훨씬 많은 비용과 경유로 힘든 비행 일정이지만 결단한 12명의 멤버들과 함께 이스라엘을 들어가기로 하고 유스비전캠프가 끝난 후 이스라엘에 계신 선교사님께 전화를 드렸다. 그런데 생각지 못한 일이 일어났다. 전쟁으로 인해서 한국에서 선교팀이 들어오지 못할 거라 생각하고 호텔과 모든 일정을 취소했다는 것이다.

어떻게 준비한 선교캠프인데, 이스라엘 선교캠프에 동참하려고 6년 다녔던 직장을 그만둔 청년과 2, 3년 동안 잘 다녔던 직장을 이스라엘 선교를 위해서 과감히 돈과 함께 포기했던 청년에게 뭐라고 말을 해야 하나? 우린 아무리 상황이 좋지 않아도 '죽으면 죽으리라, 죽으면 천국이고 영광스런 순교지' 라고 생각하며 가기로 결정했는데 한순간에 모든 계획이 무너진 것이다. '왜 이런 일이 일어났지? 우린 어떻게 해야 하지?'라고 생각할 때 하나님은 내게 말씀해 주셨다.

"그때 내가 너희들을 보았노라! 아무도 가지 않겠다고 했던 그 곳을 가기로 결정했던 마음을 내가 보았노라. 내가 너희를 나의 길로 인도하리라."

하나님은 우리가 어떻게 행동하고 결정하는지를 보셨던 것이다. 직장까지 그만 둔 상황에서 남은 선교팀은 8박 9일을 그냥 보낼 수 없어서 다시 하나님의 계획을 물었다. 하나님은 우리를 국내에 있는 개척교회, 미자립교회, 어려운 교회를 찾아가 복음을 전하고 지역교회를 섬기라는 마음을 주셔서 국내선교로 방향을 틀었다. 그러자 안성에서, 안산에서, 제주에서 국내전도 요청이 들어왔다.

우린 처음부터 다시 준비해서 안성에서 길거리 전도, 어린이 여름 성경학교와 주일예배를 섬기고, 비행기를 타고 제주도에 가서 3박 4일간 어린이 전도집회와 수요예배를 섬기고 다시 비행기를 타고 안산으로 와서 길거리 전도와 어린이 복음전도, 금요집회를 섬기게 되었다. 생각하지 못했던 곳에서 영혼들을 만나고 기쁨으로 하나님을 예배하며 복음을 전하는 국내전도여행이 되었다.

내 모든 소유를 버리고 주께 순종하겠다고 했을 때 하나님은 우리를 위해 이미 일하고 계셨다. 국내전도여행을 하는 동안 기적이 일어났다. 8박 9일 이스라엘 선교캠프에 간다고 했을 때 휴가를 빼 줄 직장이 어디 있겠는가? 전쟁 일어났는데 이스라엘을 간다고 했을 때 직장 상사로부터 "이단교회, 사이비집단 아니냐?"는 핍박을 당하며 결국 사표를 써야 했는데 직장에서 다시 출근해 달라는 요청이 들어와서 전원 직장으로 복귀하게 되었다. 하나님께서 하신 것이다. 선교도 감당하고 다시 일도 할 수 있게 하셨다. 우리의 믿음을 보셨던 하나님께서 더 좋은 길로 인도하셨다.

그 후 1년 뒤, 2015년 6월 25일 12명의 선교팀은 이스라엘 땅을 밟았고 그곳에서 1회 이스라엘 유스비전선교캠프와 성지순례를 진행했다. 결과는 상상 이상의 놀라운 은혜를 하나님은 부어 주셨다. 이때도 직장을 그만 두고 참여한 청년들이 있었는데 선교캠프 이후 한국에 돌아왔을 때 다시 직장에서 그들을 불러 들였고, 더 좋은 조건으로 직장생활을 할 수 있도록 길을 열어 주었다. 그들은 한 번도 아닌 두 번씩이나 하나님의 인도하심과 채워주심을 경험한 것이다. 하나님은 살아 계시고 우리를 더 좋은 길로 인도하신다. 오늘도 우리와 함께 하시고 우리를 도우시고 우리를 사용하신다.

직장을 그만두면서까지 이스라엘선교캠프에 참여했던 청년들에게 물었다.

"내년에도 이스라엘 갈래?"
"당연하지요. 꼭 다시 갈 겁니다."
"직장에서 보내 주겠냐? 벌써 두 번째인데?"

"안 보내주면 그만두고 다른 직장 구하지요 뭐."

"나도 '돌아이'지만 너희들도 '돌아이'구나! 다들 미쳤어!"

"사장님도 미쳤다고 해요. 우리 교회가 어떤 교회인지 인터넷으로 다 조사해 보고, 목사님 설교도 유투브에서 다 찾아 봤대요. 설교 들어보니까 이단은 아닌데 그냥 목사님은 미친 사람이래요. 예수에게 미친 사람!"

믿지 않는 사람이 나를 '예수에게 미친 사람'으로 평가해 준다. 난 복음 때문에 미쳤고 예수님 때문에 미쳤다. 미친 사람은 아무도 막을 수 없다.

1회 이스라엘 선교캠프를 마쳤을 때 이스라엘의 선교사님은 기대 이상으로 은혜와 감동을 받으시고 매년 2회씩 유스비전선교캠프를 했으면 좋겠다는 말씀을 하셨다. 그리고 하나님께서 왜 자신을 이스라엘 땅에 남겨 주셨는지를 다시 한 번 확인하는 시간이 되었단다.

이스라엘의 장세호 선교사님은 2013년 미국에서 만났다. 이 선교사님은 1999년 이스라엘 히브리대 석사과정을 공부하러 갔다가 2002년 7월 31일 석사논문을 제출하고 도서관 식당에서 식사를 하던 중 이슬람 테러집단에 의해 자살폭탄테러를 당했다. 테이블이 부서지면서 깨진 테이블 다리와 파편이 날아와 갈비뼈 세 개를 부러뜨리고 허파 근처까지 뚫었다. 그 자리서 의식을 잃고 병원 응급차에 실려 갔다가 26일 만에 대수술을 마치고 깨어났다. 이미

▲ 이스라엘 장세호 목사와 대한민국 장용성 목사

온 몸은 50% 화상과 90% 스크래치를 한 상태여서 사람을 알아
볼 수 없을 정도가 되어 있었다.

　2003년 10월, 1년 반이 넘도록 이스라엘 병원에서 물리치료를
받던 어느 날 새벽, 자신의 모습이 기가 막혀 울면서 기도하셨다
고 한다.

　"이스라엘에서 석사 공부하고 미국에서 박사과정 마치면 한국
돌아가 교수가 되어 한국 교회에 유익한 목사가 되려고 했는데 왜
내게 이런 고통을 주시고 손가락 하나 맘대로 움직일 수 없는 사
람이 되게 하셨습니까?"

　한참을 울면서 기도하는데 하나님께서 환상 하나를 보여 주셨
다고 한다. 한국의 수많은 청년들이 깃발을 들고 찬양하면서 예루

살렘을 행진하는 환상이었다고 한다.

"이게 무슨 환상입니까?"
"이 일을 너에게 맡기리라."

이런 환상을 본 선교사님은 그 자리에서 한 없이 우셨다고 한다. 하나님은 그를 기적적으로 살려 주시고 고쳐 주셔서 정상적으로 몸을 사용할 수 있게 하셨고, 이스라엘에 남아 유대인 사역을 위해 이스라엘 샬롬교회와 아랍인 교회를 개척하고 지금은 온 가족이 영주권을 받아 이스라엘 선교사역을 감당하고 계셨다. 2013년 미국에서 나를 만나 유스비전사역을 들으시더니,

"이스라엘에 꼭 필요한 사역입니다. 이스라엘에 오셔서 영적으로 젊은이들을 깨워 주십시오. 이스라엘은 선교의 최전방이자 마지막입니다. 오셔서 지원사격을 해 주십시오."

미국에서 장 선교사님과의 만남을 계기로 나는 구체적으로 이스라엘선교캠프를 준비할 수 있었고, 제1차 이스라엘 선교캠프를 진행하게 된 것이다.

"하실 수 있다면 1년에 여름, 겨울 두 차례 해 주시면 좋겠습니다."
1년에 두 차례, 그러면 우리 성도들은 매년 2번씩 직장을 그만

▲ 제1차 이스라엘 유스비전선교캠프

뒤야 하나!

  2016년 6월 30일, 제2차 이스라엘 유스비전선교캠프를 준비하고 있다. 우리가 계획한다 할지라도 그 일을 이루시는 분은 하나님이시기에 우린 하나님만 절대 신뢰하고 나갈 뿐이다.

  우리가 이스라엘에 들어가야 하는 이유는 바울이 말한 것처럼 이방인이 이스라엘에 들어감으로 이스라엘 유대인으로 하여금 질투 나게 하려는 것이다. 그들의 질투가 곧 복음으로 연결되기 때문이다. 택하신 백성을 한 사람이라도 더 구원하시려는 하나님의 방법이다. 주님 오시는 그날까지 계속 그 땅을 밟을 것이다.

이스라엘, 중동, 유럽, 중국, 아프리카, 동남아시아, 미국, 인도, 북한 어느 곳이든 주님이 가라하시면 순종하며 가는 자가 제자다. 나는 오늘도 하나님께 묻는다.

"주님, 오늘은 어디로 갈까요? 제가 있어야 할 곳은 어디인가요? 제가 할 일은 무엇인가요? 주님 뜻대로 저를 사용하여 주옵소서! 다음 세대와 모든 세대를 위하여!"

그러면 내가 묻습니다. 이스라엘이 걸려 넘어져서 완전히 쓰러져 망하게끔 되었습니까? 그럴 수 없습니다. 그들의 허물 때문에 구원이 이방 사람에게 이르렀는데, 이것은 이스라엘에게 질투하는 마음이 일어나게 하려는 것입니다.

_새번역 로마서 11:11

소문난 교회
소문난 성도

골로새서 1:7-8

여러분은 하나님의 은혜를 우리와 함께 종이 된 사랑하는 에바브라에게서 배웠습니다. 그는 여러분을 위해서 일하는 그리스도 의 신실한 일꾼이요, 성령 안에서 여러분의 사랑을 우리에게 알려 준 사람입니다.

우리 주변엔 믿는 사람만 있는 것이 아니라 믿지 않는 사람들이 더 많이 있습니다. 사람들은 '주님이꿈꾸신교회'를 보면서 무슨 생각을 했을까요? 많은 사람들이 우리 교회를 지켜 보고 있습니다.

골로새서는 발신자가 바울이고 수신자는 골로새교회 성도들이 었습니다. 이 말씀을 잘 이해하려면 시대적 배경을 이해할 필요가 있습니다.

골로새는 현재 지명이 Honas라고 해서 터키 소아시아 남서부 라오디게아 동쪽 루카스 강가에 위치해 있습니다. 바울 당시에는 골로새지역이 복음화가 되었지만 현재는 기독교의 흔적조차 찾아 볼 수 없는 복음의 불모지가 되었습니다.

골로새교회가 세워지게 된 배경은 바울이 에베소 전도여행 중 바울이 전한 복음을 듣고 예수를 믿게 되고 주의 종이 된 에바브 라가 자기 고향인 골로새에 가서 복음을 전하면서 기독교 개종자 들이 생기게 되었고 그렇게 해서 골로새교회가 세워졌습니다. 골 로새교회의 담임목사는 에바브라입니다.

바울이 골로새교회에 편지를 쓰는 이유는 골로새교회가 에바브 라에게 복음을 듣고 든든히 세워져 가고 있었는데 거짓교사, 이단 들이 교회로 들어와 골로새교회 성도들을 미혹했기 때문입니다. 그들은 예수 그리스도의 복음으로만 구원받는 것이 아니라 율법 도 지켜야 한다고 가르쳤습니다. 그리고 당시 영지주의가 교회를 어지럽히고 있을 때 천사숭배사상과 '사람은 하나님이 될 수 없다' 는 영지주의 사상으로 예수 그리스도의 인성과 신성을 부인하였 고, 세상 철학사상까지 교회로 침투해서 성도들을 미혹했습니다. 영적인 삶보다는 육적인 삶을 살아가도록 미혹했기 때문에 복음 의 변질이 일어나기 시작했습니다.

이제 예수님을 믿고 신앙생활을 제대로 좀 하려고 하면 이단들 이 달라붙기도 하고 미혹하는 자들이 나타나서 신앙생활을 방해합니다. 악한 영들은 교회를 가만 놔두지 않습니다. 교회가 세워지면 하나님의 나라는 세워지고 사단의 나라는 무너지기 때문에 어둠의 영들은 영적인 교회를 가만 놔두질 않습니다.

하나님의 자녀들이 영적으로 신앙생활을 하려고 하면 마귀와 귀신들은 하나님의 자녀를 절대로 신앙생활 잘하도록 도와주지 않습니다. 사람을 통해서 환경을 통해서 내 생각과 감정을 통해서 영적신앙생활을 방해합니다.

교회도 마찬가지입니다. 골로새교회가 개척이 되고 영적교회로 성장하고 있었으니 영지주의자들이 가만 놔두겠습니까? 신천지가 가만 놔두겠습니까? 추수꾼을 파송해 교회를 무너뜨리려고 교활하게 성도들을 미혹하고 속이는 것입니다.

'주님이꿈꾸신교회'도 세상에 알려지기 시작하니 우리 교회를 넘어뜨리려고 신천지가 우리 교회로 추수꾼을 파송하고 성도들을 미혹하기도 합니다. 말씀에 바로 서 있지 않으면 미혹될 수 있습니다. 신천지에서 파송된 추수꾼이라면 오직 예수님만이 그리스도가 되시고 생명의 주가 되심을 인정하시고 예수님을 믿으십시오. 거짓된 가르침에 미혹되어 죽어 지옥 가는 불쌍한 영혼이 되지 마시고 예수님을 구주로 영접하시고 하나님의 나라를 위해 사시는 복 있는 인생이 되십시오.

골로새교회가 어려워졌다는 소식을 에바브로를 통해서 들은 바울은 자신은 감옥에 갇혀 있지만 편지를 통해서라도 바른 진리, 바른 복음이 무엇인지를 가르쳐서 골로새교회가 다시 복음으로 돌아오기를 바라는 간절한 마음으로 편지를 씁니다. 그래서 골로새서에서 가장 많이 나오는 단어가 '그리스도'라는 단어입니다.

'그리스도'라는 단어는 '기름 부음을 받은 자'라는 뜻입니다. 예수님은 하나님의 아들로 하늘 아버지로부터 기름 부음 받은 만왕의 왕이시며, 우리 죄를 대신 지신 대제사장이시고, 하나님의 나라를 선포하신 하늘의 선지자로 오셨다는 것을 바울은 골로새서를 통해서 말씀하고 있습니다.

어느 교회든 문제없는 교회는 없습니다. 사람이 사는 곳에는 문제가 있기 마련입니다. 중요한 것은 '그 문제들을 어떻게 해결해 나가느냐?'에 있습니다. 문제없는 교회를 원하신다면 빨리 하나님 나라 천국 교회에 등록하시면 됩니다.

처음부터 골로새교회가 문제가 있었던 것이 아니었습니다. 사람들이 모여들고 여러 종류의 사람들이 들어오다 보니 자기 생각과 철학과 이상과 전통이 교회의 진리를 흐렸던 것입니다. 지금처럼 체계적인 양육훈련시스템이 있었던 것도 아니고 사람의 입에서 입으로 전달되는 복음이었기 때문에 바울은 편지를 통해서 복음의 진리를 정리해 골로새교회 성도들을 바로 잡으려고 했던 것입니다.

바울은 골로새교회에 편지를 쓰면서 골로새교회를 칭찬을 합니다. 에바브로를 통해서 전해들은 좋은 소식들이 있었습니다. 골로새교회에 대한 좋은 소문 세 가지가 있었습니다.

첫째, 믿음이 소문났습니다.

그리스도 예수에 대한 믿음이 있었습니다. 바울은 그들이 가지고 있었던 예수 그리스도에 대한 믿음의 확신을 다시 점검해 주고 있습니다.(골로새서 1:15-22)

예수님은 보이지 않는 하나님의 형상이요 이 세상 모든 만물의 주인이시며 창조주이십니다. 세상은 그를 위하여(16절) 만들어졌습니다. 예수님은 교회의 머리이며 시작이십니다. 예수님은 죽으셨다가 부활하셨습니다.(18절) 하나님을 찬양하고 하나님의 영광을 위해 살아가야 할 인간이 하나님을 떠나 악한 행실을 행하고 마음으로 하나님과 원수가 되었을 때(21절) 하나님은 아들 예수님을 피 흘려 죽이심으로 하나님과 깨어졌던 관계를 화해케 하셨습니다. 예수의 피가 우리를 죄에서 자유케 하셨습니다.

골로새서 1:22

그러나 지금은 하나님께서 그리스도 의 죽으심을 통하여, 그분의 육신의 몸으로 여러분과 화해하셔서, 여러분을 거룩하고 흠이 없고 책망할 것이 없는 사람으로 자기 앞에 내세우셨습니다.

골로새서 1:14

우리는 그 아들 안에서 구속 곧 죄 사함을 받았습니다.

골로새서 1:20

그분의 십자가의 피로 평화를 이루셔서, 그분으로 말미암아 만물을, 곧 땅에 있는 것들이나 하늘에 있는 것들이나 다, 자기와 기꺼이 화해시켰습니다.

예수님을 통해서 하나님 나라에 들어갈 수 있다는 믿음이 골로새교회 성도들에게는 있었습니다. 그런데 이 믿음을 거짓 교사들, 이단들이 흔들려고 했습니다. 예수 외에도 구원이 있다는 것입니다. 아니 인간으로 오신 예수님은 하나님이 되실 수 없다는 것입니다. 거룩하신 하나님은 영으로만 존재하시는 것이지 죄인인 인간의 모습으로는 오실 수 없기 때문에 예수는 맹신자들이 따르는 이단의 괴수일 뿐이라는 것입니다.

기독교 예수 신앙보다는 세상 철학과 이념이 더 중요하고 전통이 더 중요하다고 가르치면서 믿음을 변질시키려고 했습니다. 오늘날도 마찬가지입니다. 기독교 진리대로 살려 하면 "왜 세상을 그렇게 고지식하고 어리석게 사느냐?"고 합니다. "꼭 그것만이 진리가 아니다."라고 말을 합니다. "세상의 모든 종교는 다 같은 것이다."고 다원주의를 말합니다. 예수님의 말씀보다는 교단의 교리를 더 중요하게 생각하고, 신학자의 말을 예수님의 말씀보다 더 권위를 두기도 합니다. 유명한 목회자의 말이 곧 진리라 믿고 맹신하는 사람들도 있습니다.

예수 복음 외에는 구원이 없습니다. 죄인인 인간은 오직 예수 그리스도의 피로만 죄 용서함을 받고 자유케 될 수 있습니다. 오늘도 우리가 믿고 고백하는 것은 예수의 보혈에 능력이 있다는 것입니다. 우리가 영원히 붙들어야 할 복음이 예수 십자가의 보혈과 부활의 생명입니다.

둘째, 사랑이 소문났습니다.

골로새교회는 모든 성도를 향해서 품고 있는 사랑이 있었습니다. 누구를 향해 품고 있는 사랑입니까? 모든 성도를 향한 사랑이었습니다. 내가 좋아하는 사람, 내 스타일의 사람만이 아니었습니다. 모든 성도들입니다. 'all the saints', '모든 성도'라는 단어에는 나를 사랑해 주는 사람도, 나에게 상처를 주는 사람도, 나를 이해하는 사람도, 나를 오해하는 사람도 포함되어 사랑해야 하는 사랑이었습니다. 어떻게 이런 사랑을 할 수 있었을까요?

예수님의 십자가의 사랑, 아들을 죽이면서까지 우리를 사랑하신 하나님의 사랑을 경험한 것입니다. 예수님의 사랑이 그들에게 있었습니다. 하나님의 사람들을 사랑하시되 끝까지 사랑하신 예수님의 사랑이 그들에게 있었습니다.

예수님께서 명령하신 계명을 기억하고 계명에 순종한 성도들이 었습니다.

요한복음 13:34

새 계명을 너희에게 주노니 서로 사랑하라 내가 너희를 사랑한것 같이 너희도 서로 사랑하라 우리가 하나님을 믿고 하나님의 사랑을 안다면 사랑하지 않을 수 없습니다. 그렇게 사랑하지 않는다면 지금 우리는 그 하나님의 사랑의 은혜에서 멀리 떨어져 있다는 것입니다.

요한서 4:7-12

사랑하는 여러분. 서로 사랑합시다. 사랑은 하나님에게서 난 것입니다. 사랑하는 사람은 다 하나님에게서 났고, 하나님을 압니다. 사랑하지 않는 사람은 하나님을 알지 못합니다. 하나님은 사랑이시기 때문입니다. 하나님의 사랑이 우리에게 이렇게 드러났으니. 곧 하나님이 자기 외아들을 세상에 보내주셔서 우리로 하여금 그로 말미암아 살게 해주신 것입니다. 사랑은 이 사실에 있으니, 곧 우리가 하나님을 사랑한 것이 아니라, 하나님이 우리를 사랑하셔서, 자기 아들을 보내어 우리의 죄를 위하여 화목제물이 되게 하신 것입니다. 사랑하는 여러분. 하나님께서 이렇게까지 우리를 사랑하셨으니, 우리도 서로 사랑해야 합니다. 지금까지 하나님을 본 사람은 없습니다. 그러나 우리가 서로 사랑하면, 하나님이 우리 가운데 계시고, 또 하나님의 사랑이 우리 가운데서 완성된 것입니다.

하나님의 사랑이 완성되어 그 사랑으로 성도들을 사랑하십시오. 예수님을 믿지 않는 사람을 사랑하기 전에 교회 안에 있는 성도들부터 사랑하십시오. 서로 미워하고 싸우고 마음속으로 죽였다가 살렸다 하지 마시고 예수님처럼 끝까지 사랑하십시오. 사랑하지 못하는 것도 교만입니다.

셋째, 소망이 소문났습니다.

하늘에 쌓아 둔 소망이 있었습니다. 골로새교회 성도들은 땅에 속한 사람들이 아니었습니다. 땅에 소망을 품고 산 사람들이 아니었습니다. 그들의 소망은 하늘나라였습니다. 주님의 재림을 사모했습니다. 여러분의 소망은 어디에 있습니까? 하나님 나라입니까? 이 땅입니까? 이 땅에 소망을 품고 사는 사람은 땅에 것을 얻으려고 일생을 다 바칩니다. 이 땅에서 만족을 누리려고 합니다. 육신의 것을 더 좋아합니다. 육신을 따라 삽니다.

지금도 하루 종일 땅에 것을 얻으려고 숨이 차게 뛰어 다니는 사람들이 있습니다. 그런 사람들이 부르는 노래가 있습니다.

사랑 찾아 인생을 찾아 하루 종일 숨이 차게 뛰어 다닌다
서울하늘 하늘아래서 내 꿈도 가까이 온다
사랑도 있고 우정도 있고 하늘아래 살고 있고
저마다 다른 인생 속에 또 하루를 바쁘게 산다
우리인생 살다보면 힘든 날도 수없이 찾아오지만
사랑하나 그 사랑하나 찾으려고 몸부림치네

그러나 하나님 나라를 품고 사는 사람은 이런 찬양을 부릅니다.

이 세상은 나그네 길 나는 다만 나그네 나의 집은 저 하늘 저 넘어 있고
천사들은 하늘에서 날 오라고 부르니 나는요 이 땅에 있을 맘 없어요

이 세상 이 세상 나의 집은 아니요 우리구주 머지않아 다시 오실 때
천사들은 하늘에서 날 오라고 부르니 나는요 이 땅에 있을 맘 없어요

로마서 8:5-8

육신을 따라 사는 사람은 육신에 속한 것을 생각하나, 성령을 따라 사는 사람
은 성령에 속한 것을 생각합니다. 육신에 속한 생각은 죽음입니다. 그러나 성
령에 속한 생각은 생명과 평화입니다. 육신에 속한 생각은 하나님께 품는 적대
감입니다. 그것은 하나님의 법을 따르지 않으며, 또 복종할 수도 없습니다. 육
신에 매인 사람은 하나님을 기쁘게 해 드릴 수 없습니다.

육신에 매인 사람은 하나님을 기쁘시게 해 드릴 수 없습니다.
육신에 속한 생각은 하나님과 원수가 됩니다.

로마서 8:12-13

그러므로 형제자매 여러분, 우리는 빚을 지고 사는 사람들이지만, 육신에 빚을
진 것이 아닙니다. 우리는 육신을 따라 살아야 할 존재가 아닙니다. 여러분이
육신을 따라 살면, 죽을 것입니다. 그러나 여러분이 성령으로 몸의 행실을 죽
이면, 살 것입니다.

하늘을 소망하고 사는 사람들은 육신을 따라 살아야 할 존재가
아닙니다. 육신에 빚진 자들이 아니라 하나님 사랑에 빚진 자들입
니다. 그렇기 때문에 이젠 하나님을 사랑하고 이웃을 사랑하며 하

늘 소망 품고 살아가는 것입니다.

하늘 소망만 있다면 이 땅에서의 고통도 나름 견딜만 합니다. 이 세상에서 내가 누릴 수 있는 것을 포기하는 것도 나름 기쁨이 됩니다. 주를 위해 헌신하고 순교하는 것은 가장 큰 상급입니다.

주님의 재림을 사모하며 하늘에 소망을 품고 살아가십시오. 주님의 마지막 명령인 '모든 민족에게 복음을 증거 하라'는 주의 계명을 따라 살아가는 하나님의 사람들이 되십시오.

예수 그리스도에 대한 믿음과 하나님의 사랑으로 성도에 대한 사랑이 있는 사람은 자신의 영혼을 위해서 하늘에 쌓아 둡니다. 내 몸, 마음, 물질, 재능, 가족, 모든 것을 하늘에 쌓아둡니다.

마태복음 6:21

너의 보물이 있는 곳에, 너의 마음도 있을 것이다.

골로새교회는 이 세 가지가 있었습니다. 예수 그리스도에 대한 믿음, 성도에 대한 사랑, 하늘 소망을 품고 하늘에 쌓아두는 열정이 있었습니다. 그럴 때 열매가 맺힙니다.

세상 사람들이 생각하는 '주님이꿈꾸신교회'는 어떤 교회일까요? 다른 교회들이 생각하는 '주님이꿈꾸신교회'는 어떤 교회일까요? '주님이꿈꾸신교회'는 어떻게 소문이 났을까요? 여러분에 대한 소문은 어떻습니까? 좋은 소문이 많습니까, 나쁜 소문이 많습니까?

지난주에는 우리 교단의 유명한 목사님께로부터 전화가 왔습니다. '무슨 일로 전화 하셨나.'하고 전화를 받았더니 방금 제 영바오 영상을 보셨다는 것입니다. "복음 때문에 미친 사람들"이란 영바오 영상을 보게 되었는데 너무 은혜가 되어서 저에게 직접 전화를 하셨다는 것입니다.

내용인즉슨 어떤 목사님께서 목회자들 80여 명에게 단체 카톡으로 영상을 보내줬는데 그 영상이 제 영상이었다는 것입니다. 제 영상이 목회자들 사이에서 돌고 있다는 것입니다. 영상을 보내주신 분의 성함을 대시면서 아시는 목사님이냐고 물으시기에 모른다고 했더니 우리 교단에 이렇게 은혜가 되고 감동되는 설교를 하시는 목사님이 계셔서 감사해서 전화하셨다는 것입니다.

어떤 분은 미국에서 제 영상을 한국에 계신 분들에게 전달하기도 하고 한국에 계신 분이 미국이나 다른 나라에 계신 분들에게 전달하기도 한다는 소식을 듣게 됩니다. 나쁜 영상이 아닌 은혜의 영상으로 소문이 나고 공유한다는 소식을 전해 들으면 감사하지 않을 수 없습니다. 더욱 겸손하고 더 조심해야겠다는 생각을 하게 됩니다.

'주님이꿈꾸신교회'는 큰 간판도 없고 십자가 종탑도 없습니다. 주소를 입력하고 네비게이션으로 찾아와도 목적지에는 도착했는데 교회가 보이지 않아 교회 주변만 뱅뱅 돌 뿐 찾을 수가 없습니다.

지난주에 한 목사님께서 교회를 방문하셨는데 저한테 "목사님 십자가 종탑 하실 생각 없으십니까? 교회 간판도 없는데 간판하실 생각도 없으십니까?"하고 물으셨습니다. 그래서 "전 생각 없습니다. 요즘 누가 십자가 보고 교회옵니까? 누가 개척교회 큰 간판 보고 오겠습니까? 하긴 100미터짜리 간판 만들면 신기해서 들어오기는 하겠죠?"라고 대답했습니다.

우리 교회는 간판도 없어서 건물 옆에 현수막 하나 걸어 놓았습니다. 그리고 이렇게 써 놨습니다.

'맛집으로 소문난 교회'

유명한 맛집을 보면 사장님 사진과 함께 '원조 추어탕, 원조 갈비탕'이라고 쓰여 있습니다. 거기에 아이디어를 얻어 저도 교회 현수막에 제 사진을 크게 넣고 '맛집으로 소문난 교회'라고 써 놨던 것입니다.

요즘 세상은 교회에 대한 소문이 별로 좋지 않습니다. 대형교회 목회자들의 비리 사건으로 법정에서 실형을 받기도 하고 목회자 세습, 논문표절, 무리하게 지어 교회 건물이 경매로 넘어가는 일, 교회 내부 갈등으로 한 지붕 두 가족으로 분열이 일어나 싸우고 폭력사태까지 벌어지는 가슴 아픈 일들이 일어나고 있습니다.

세상 사람들은 기독교를 개독교라고 부르고 기독교인이라면 일단 믿지 않습니다. 왜 오늘날 교회가 이렇게까지 되었는지 묻고 싶습니다. 초대교회 때는 '그리스도인' 하면 정직한 사람들, 사랑과 섬김이 있는 사람들, 복음을 위해서 세계 열방으로 목숨 걸고 나가는 사람들이라는 소문과 칭찬이 있었는데 오늘날은 기독교인이라는 말을 꺼내기가 부끄러울 정도입니다.

갈수록 교회는 세속화가 되고, 성도들도 세상 사람들과 별로 구별되지 않을 뿐 아니라 세상 사람보다 더 술을 잘 마시고, 더 사기 잘 치고, 대놓고 부정부패를 저지르기도 합니다. 그리고 떳떳하게 "나는 기독교인이요." 말을 하고 그러한 일들도 "하나님의 계획이고 영광을 위한 것"이라고 말을 합니다.

예수가 없는 기독교, 예수가 없는 교회, 예수가 없는 기독교인들이 세상에 많이 있습니다. 우리 교회는 어떤 교회일까요? 우리 교회 성도들은 어떤 성도들일까요? 예수 복음을 위해 세계열방을 향해 목숨까지 내던지면서 나갈 수 있는 성도들일까요?

이번 이라크 성지순례단 테러사건(2014년 2월 성지순례 중 한국인 3명 사망)을 통해서 많은 말들이 있습니다. 믿지 않는 사람들은 "왜 가지 말라는 지역을 가서 테러를 당했느냐"는 등 많은 비난을 쏟아내고 있습니다. 이번 일로 성지순례팀들도 많은 어려움을 겪고 있습니다.

8월에 이스라엘 유스비전선교캠프를 준비하고 있습니다. 어떤 분들은 "위험한데 갈 수 있겠느냐?"는 말을 합니다. 이스라엘은 위험하지도 않지만 위험하면 안 가도 되는 것일까요? 주를 위해 목숨까지 드린다는 고백은 하면서 위험하다고 하면 뒤로 뺍니다.

안 가려고 합니다. 진짜 헌신을 하지 않으려고 합니다. 말로만 헌신헌신, 충성충성, 사랑사랑, 전도전도 하고 있습니다. 말로는 지구 끝까지 갔습니다.

우리는 주님의 명령 따라 복음 들고 가라고 하셨기 때문에 예루살렘과 온 유대와 사마리아와 땅 끝까지 복음 들고 가는 것입니다. 일찍 순교하실 분들을 모십니다. 이 세상에서 우리의 사명을 다했으면 데려 가실 것이고 할 일이 아직 많이 남아 있다면 살려 두실 것입니다. 선착순 순교자 30명 모집합니다.

열매가 있었던 골로새교회

하나님의 은혜를 참되게 깨달았다면 그 순간부터 자라고 열매를 맺게 되어 있습니다. 내 신앙이 하나님의 은혜 위에 바로 서 있다고 한다면 반드시 신앙이 자라고 열매가 맺게 되어 있습니다.

골로새서 1:6

이 복음은 온 세상에 전해진 것과 같이, 여러분에게 전해졌습니다. 여러분이 하나님의 은혜를 듣고서 참되게 깨달은 그날로부터, 여러분 가운데서와 같이 온 세상에서 열매를 맺으며 자라고 있습니다.

열매 없는 신앙은 죽은 신앙입니다. 자라지 않는 신앙은 병든 신앙입니다. 병이 깊어지면 죽는 것입니다. 열매로 그 나무를 알 수 있습니다.

마태복음 12:33

나무가 좋으면 그 열매도 좋고, 나무가 나쁘면 그 열매도 나쁘다. 그 열매로 그 나무를 안다.

신앙생활을 한다고 하면서 열매를 맺지 못하는 가지는 하나님 아버지께서 다 잘라버리시지만 열매를 맺는 가지는 더 많은 열매를 맺게 하시려고 손질하신다고 예수님은 말씀하셨습니다.

요한복음 15:2

내게 붙어 있으면서도 열매를 맺지 못하는 가지는, 아버지께서 다 잘라버리시고, 열매를 맺는 가지는 더 많은 열매를 맺게 하시려고 손질하신다

그렇게 우리가 열매를 많이 맺어서 제자가 되면 이것으로 아버지께서 영광을 받으십니다.

요한복음 15:8

너희가 열매를 많이 맺어서 내 제자가 되면, 이것으로 내 아버지께서 영광을 받으실 것이다.

그래서 우리는 열매 없는 일에 참여하지 말고 열매 있는 일에 참여하는 자들이 되어야 합니다.

에베소서 5:11

여러분은 열매 없는 어둠의 일에 끼여들지 말고, 오히려 그것을 폭로하십시오.

    소문난 교회 소문난 성도가 되십시오. 소문난 맛집은 블로그에도 올라가고 서로서로 공유합니다. 말씀의 맛집으로 소문이 나서 카카오톡으로도 서로 공유하고 페이스북에도 더 많이 공유되길 소망합니다. 전 세계 많은 사람들이 '추천', '좋아요'를 누를 수 있는 교회와 성도들이 되십시오.

"거기 누구요? 여기서 자면 안 됩니다. 어서 나가요!"

새벽 1시, 나는 기도굴에서 쫓겨났다.

신학대학원에 입학했지만 기숙사에 들어가지 못해 잠자리를 찾아야 했다.

마침 신학교에 기도굴이 있었다.

허리를 굽혀야만 들어갈 수 있는 작은 공간에 여러 방들이 있었다.

딱 한 사람 들어갈 수 있는 작은 방, 거기엔 예배상 하나만이 자리를 차지하고 있었다.

도서관에서 12시까지 공부를 한다. 최대한 시간을 끌기 위해서다.

12시가 되면 도서관도 문을 닫는다. 그러니 내가 갈 곳은 이제 기도굴이다.

4월까지도 겨울점퍼를 입고 다녀야 할 정도로 추운 신학교. 3월부터 난 기도굴에서 기도를 하다 쪽잠을 자는 생활을 했다.

기도굴이 얼마나 작은지 다리를 쭉 펼 수도 없어 그나마 대각선으로 몸을 구부린 다음 잠을 청했다. 일주일간 추위와 싸우다 그 다음 주엔 작은 전기장판 하나를 가져다 바닥에 깔고 잠을 자니 천국이 따로 없었다.

그러다 한 달 만에 학교 관리 집사님께 걸려 새벽 1시에 쫓겨난 것이다.

숙소를 마티즈로 옮겼다. 의자를 다 펴고 누워도 불편함은 이루 말할 수 없다.

또다시 추위와 싸워야 했다. 한 시간이 지나고 히터를 잠시 켠다.

그것도 잠시, 10분 정도 굳은 몸을 녹이고 다시 시동을 끈다. 그렇게 한 시간에 한 번씩, 그러다 새벽이 밝아 온다.

학교 화장실에 들어가 냉수로 머리를 감고 세수를 한 뒤 산책을 하며 기도를 한다.

후에 안 사실은 교수들이 머무는 본관에는 온수가 나왔다는 사실이었다.

가난한 신학생, 400원짜리 빵과 100원짜리 자판기 커피로 아침을 때운다.

점심은 가장 싼 식사로 한 끼를 때우고 저녁은 가끔씩 사먹었다.

식당 한구석에 가난한 신학생들을 위해 마련해 둔 식권함이 있다.

누가 볼까 부끄러워 사람들이 없을 때만 한 번씩 들여다본다.

감사하다. 누군가의 섬김으로 나는 배를 따뜻하게 할 수 있었다.

나의 작은 꿈이 있었다.

"하나님, 훗날 나와 같은 신학생들을 섬길 수 있는 사람이 되게 해 주세요."

2015년 1월, 침례교 목회자자녀 영성캠프 강사로 섬기기 위해 모교를 방문했다.

여전히 식당 한구석에 마련된 '사랑의 식권함'이 있었다.

나는 식권 대신 그 안에 돈을 넣었다.

그동안 내가 먹었던 것 보다 더 많은 액수의 밥값이었다.

나는 다음 세대 사역이란 한 길만을 걸어왔다.

이 사역 또한 배고픈 사역이고 더 많이 섬겨야 하는 사역이다.

그럼에도 행복한 사역이고, 반드시 해야만 하는 사역이다. 그 일에 부족한 자를 불러 주시고 써 주심에 감사할 뿐이다.

어느 날 일곱 살 난 아들과 함께 계단을 오르다 그만 아들이 내 발에 걸려 넘어졌다.

난 아들에게 장난하려고 이런 말을 했다.

"난 안 넘어졌지롱!"

그러자 아들이 눈물을 글썽거리며 내게 이렇게 말한다.

"난 항상 아빠만 걱정 하는데…"
"……"

일곱 살 어린이보다 못한 어른이다. 어린이와 같지 않으면 결코 하나님 나라에 들어가지 못한다고 하셨는데, 여전히 부족한 죄 많은 나다.

우리 주님이 내게 하시는 말씀으로 들렸다.

"난 항상 너만 걱정하는데…. 넌 나를 생각하긴 하니?"

주님의 마음을 조금이라도 닮고 싶다.
예수님처럼 조금이라도 살고 싶다.
내가 살아가는 이유가 '나'가 아닌 '예수'가 되었으면 좋겠다.
어느 날은 주일 차량운행을 하는데 한 청년이 차에 올라타면서 이런 말을 한다.

"왜 이렇게 차가 더러워요?"
"어, 미안해. 다음엔 더 깨끗하게 세차할게."
"목사님, 그런 뜻이 아니구요."
"아냐, 내가 더 신경 썼어야 했는데, 미안해."

물론 의도적으로 한 말은 아니었지만 그 순간 나는 내 마음에 새겼다.

"목사는 종이다. 성도는 상전이다. 목사는 직원이다. 교인은 고용주다."

예수님은 섬김을 받으러 오신 분이 아니라 섬기시고 많은 사람들을 위해 대속물로 오셨다. 섬김의 리더십, 순종의 리더십, 십자가 죽음의 리더십을 보여 주신 예수님처럼 나 또한 그렇게 살고 싶은데 잘 되질 않는다.

내가 살아서 문제다. 용서가 잘 되지 않는다. 분노가 쉽사리 사라지지 않는다. 다 버려야 하는데 여전히 쥐고 있는 것들이 너무 많다.

한번은 이런 설교를 했다.

저는 목사이지만 천국에 들어가지 못할 것입니다. 하나님의 뜻대로 살고 있지 않기 때문입니다. 바리새인의 의보다 더 낫지 않으면 하나님 나라에 들어가지 못할 것이라고 예수님 말씀하셨는데 그 사람이 바로 저입니다. 말은 잘하지만 진실로 행하지 않고 범죄 할 때가 더 많습니다. 천국 들어가긴 틀려먹었습니다. 그럼에도 제가 여러분들에게 "회개하라"고 소리 지르고 "예수님 믿고 천국 가라"고 소리 지르는 것은 목사의 의무이기 때문입니다. 그 일을 위해 제가 부름 받았기 때문입니다. 여러분이라도 말씀 듣고 변화 받아 천국 들어갈 수 있길 바라는 마음으로 오늘도 소리를 지르는 것입니다. 바울도 이런 말을 했습니다.

"내가 남들에게 복음을 전한 후에 그들은 천국에 들어가게 하고 나는 들어가지 못하는 일이 없도록 내 몸을 쳐서 복종시킵니다."

저는 과연 천국 들어갈 수 있을까요? 저를 비롯한 많은 목사들, 교사들, 직분자들이 천국에 들어갈 수 있을까요? 저도 천국 들어가고 싶습니다.

천국이 그립다.
예수님이 그립다.
초롱초롱한 어린이, 청소년들의 눈망울을 보고 있노라면
사랑스럽고 행복하다.
그들의 눈에서 슬픔의 눈물이 흐른다.
행복과 소망의 눈물이 흐른다.
그들의 눈물을 닦아 주고 싶다.

미국에 사는 한 청년이 했던 말이 기억이 납니다.

"목사님, 할아버지가 되셔도 소리치시면서 말씀 전해 주세요.

저는 할머니가 되어서도 유스비전캠프에 올 겁니다."

2015년 12월 28일 종교개혁지 독일 라이프치히에서
제2의 종교개혁과 회복을 꿈꾸는 장용성 목사